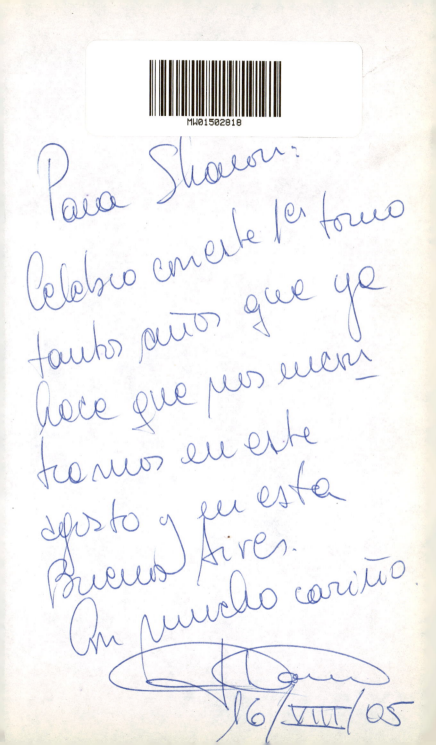

Para Sharon:

Celebro enserte 1er tomo
tantos años que ya
hace que nos encon-
tramos en este
agosto y en esta
Buenos Aires.
Con mucho cariño

16/VIII/05

JAVIER DAULTE

TEATRO

Estudio preliminar
Osvaldo Pellettieri

JAVIER DAULTE

TEATRO

Estudio preliminar
Osvaldo Pellettieri

Criminal
Martha Stutz
Casino
Faros de color
Geometría

Colección Dramaturgos Argentinos
Contemporáneos

Dirigida por
OSVALDO PELLETTIERI

Daulte, Javier
    Teatro : Criminal. Martha Stutz. Casino. Faros de color. Geometría. – 1°
ed. – Buenos Aires : Corregidor, 2004.
    224 p. ; 20x13 cm. – (Dramaturgos argentinos contemporáneos)

    ISBN 950-05-1537-7

    1. Teatro Argentino. I. Título
    CDD A862

Diseño de tapa:
Departamento de Arte sobre diseño de colección de
Estudio Manela & Asoc. S. Manela + G. Soria

Foto de tapa:
Héctor Díaz y María Onetto en
Faros de color (año 1999/2000)

Foto de contratapa:
Eliana Canduci

© Ediciones Corregidor, 2004
Rodríguez Peña 452 (C1020ADJ) Bs. As.
Web site: www.corregidor.com
e-mail: corregidor@corregidor.com
Hecho el depósito que marca la ley 11.723
I.S.B.N.: 950-05-1181-9
Impreso en Buenos Aires - Argentina

TRAYECTORIA DE JAVIER DAULTE

1. Obras

1982   *Por contrato de trabajo*
1987   *Muy rápido, muy frágil*
1990   *Óbito*
1991   *Un asesino al otro lado de la pared*
1991/97 *Criminal*
1994   *Desde la noche llamo*
        La otra
1995   *Martha Stutz*
1997   *Sueño de una noche de verano* (versión sobre el original de Shakespeare)
1998   *Casino. Esto es una guerra*
        Confesión: carta de amor (pieza comisionada por La Mousson d'été de Francia)
        Paulatina aproximación a un teorema dramático del miedo, dramaturgia sobre una experiencia realizada con alumnos del taller de actuación, basada libremente en *'El Soplón'* de Bertolt Brecht y *'El Marinero que perdió la Gracia del Mar'* de Yukio Mishima
        Fiscales (Para la televisión. Miniserie de 13 capítulos)
1999   *Geometría*
        Faros de color
        Femenino
        ¿Tocar a nuestro concepto del universo, por ese pedacito de tiniebla griega? (pieza

comisionada por la Casa de América de Madrid)

2000   *Gore*

2001   *Fuera de cuadro*
        La escala humana, en colaboración de Rafael Spregelburd y Alejandro Tantanian.

2002   *Demóstenes Estomba*
        Bésame mucho
        Are you there? (pieza comisionada por la dirección del Festival Fronteras 02 de Londres)
        El vuelo del dragón
        El vuelo del dragón (versión b)

2003   *4D Óptico*
        ¿Estás ahí?

2. Premios

1984   Mención especial en el Royal Shakespeare Festival of New York (USA) por *Por contrato de trabajo*.

1994   Premio Fondo Nacional de las Artes por *Desde la noche llamo*.
        Premio del Banco Cooperativo de Caseros por *La otra*.

1995   Mención Concurso CELCIT por *Martha Stutz*.

1996   Primer Premio Concurso Escritores Patagónicos por *Martha Stutz*.
        Premio ACE (Asociación de Cronistas del Espectáculo) como Revelación por *Criminal*.

1997   Ternado como mejor autor nacional para el Premio Trinidad Guevara por *Criminal*.
        Ternado para el Premio ACE por *Martha Stutz* como mejor obra argentina.

1999	Mención especial en el Primer Concurso de Obras de Teatro del Instituto Nacional del Teatro por *Geometría*.
	Premio Martín Fierro al mejor unitario de televisión por *Fiscales*.
	Premio Broadcasting al mejor unitario de televisión por *Fiscales*.
	Ternado para el Premio Teatro del Mundo en el rubro Dramaturgia por *Paulatina aproximación a un teorema dramático del miedo*.
	Ternado para el Premio ARGENTORES por *Faros de color*.
2000	Primer Premio de la Ciudad de Buenos Aires (ex Premio Municipal) por *Martha Stutz*.
2001	Premio ACE por *La escala humana* como mejor obra argentina.
	Terna del Premio Trinidad Guevara como Mejor Autor por *La escala humana*.
2002	Premio María Guerrero por *La escala humana* como mejor obra argentina.
	Premio Teatro del Mundo al Mejor Autor por *La escala humana*
	Premio ACE a la Mejor Obra Argentina por *Bésame mucho*.
	Premio ACE al Mejor Espectáculo Off por *Bésame mucho*
	Terna del Premio Clarín a la Mejor Obra Argentina por *Bésame mucho*
	Terna Premio Florencio Sánchez al Mejor Autor por *Bésame mucho*
	Terna Premio Florencio Sánchez al Mejor Director *Bésame mucho*
2003	Premio María Guerrero al mejor autor por *Bésame mucho*

3. Dirección

1999   *Faros de color*, co-dirección Gabriela Izcovich, en El Galpón del Abasto de Buenos Aires. Reestreno en el Espacio Callejón de Buenos Aires en 2000.

2000   *Gore*, en el teatro Armando Discépolo de Buenos Aires. Reestreno en La Fábrica Ciudad Cultural de Buenos Aires en 2001. Segundo reestreno en el teatro IFT el mismo año. Tercer reestreno en el Teatro del Pueblo en 2003.

2001   *Fuera de cuadro*, co-dirección Gabriela Izcovich, en el Espacio Callejón de Buenos Aires.

La escala humana, texto escrito con la colaboración de Rafael Spregelburd y Alejandro Tantanian y dirección de los autores, en el Espacio Callejón. Reestreno en El Portón de Sánchez en 2002.

Intimidad, versión de Gabriela Izcovich de la novela de Hanif Kureishi, co-dirección con Gabriela Izcovich, en La Carbonera de Buenos Aires. Repite temporadas 2002 y 2003 en el mismo teatro.

2002   *Demóstenes Estomba*, estrenado en la Ciudad de Bahía Blanca.

Are you there?, presentada en idioma inglés en el Old Vic Theatre de Londres, en el marco del Festival Fronteras 02.

El vuelo del dragón, estrenada en el Espacio Vox de la Ciudad de Bahía Blanca.

El vuelo del dragón (versión b), estrenada en Del Otro Lado de Buenos Aires.

2003   *4D Óptico*, estrenada en lengua castellana en el Teatro Lliure de Barcelona.

2004   *¿Estás ahí?*, versión en español de *Are you there?*, estrenada en el Teatro Nacional Cervantes de Buenos Aires.

4. Giras y presentaciones internacionales

1999   *Geometría*, en mayo, en el marco de las Olimpíadas Teatrales *Hacia un nuevo milenio*, en Shizuoka (Japón). En septiembre, en el Festival Internacional de Buenos Aires.

2000   *Faros de color*, en mayo, en el Festival Internacional de Sitges (España). En junio en la Sala Beckett de Barcelona.

2001   *La escala humana*, en septiembre, en el Festival Internacional de Buenos Aires, en octubre, en el Festival Iberoamericano de Cádiz (España). En noviembre, en el Hebbel-Theater de Berlín (Alemania) y en la Deutsches Schauspielhaus de Hamburgo (Alemania).

           Fuera de cuadro, en junio, en el Festival Grec de Barcelona (España).

2002   *La escala humana*, en marzo, tras una gira por Venezuela, en el Festival Internacional de Caracas. En mayo, en el Festival Internacional de Londrina (Brasil). En septiembre, en el Festival Iberoamericano de teatro de Manizales (Colombia) y en el Festival Escenario 2002 de Quito/cuenca (Ecuador). En octubre, en el Festival de Teatro del MERCOSUR, Córdoba (Argentina). En noviembre en el Festival de Otoño de Madrid (España).

           Gore, en mayo, en el Festival Internacional de Sitges. En junio, en la *Casa Ocupa de*

11

Sant Pere Meis Baix de Barcelona y en la *Sala Ensayo 100* de Madrid (España).

Intimidad, en mayo/junio, temporada en el Teatro Lliure de Barcelona (España).

Bésame mucho, en noviembre, en el Festival Mettre en Scéne de la Ciudad de Rennes, Francia.

2003   *Bésame mucho*, en mayo en el Festival Internacional de Sitges (España). En junio en el Teatro Principal de Barcelona (España).

Gore, en julio, en el Festival Grec de Barcelona (España).

Intimidad, en septiembre en el Festival Internacional de Buenos Aires. En octubre, en el Festival de Otoño de Madrid (España).

4D Óptico, en noviembre, en el Festival de Temporada Alta de Gerona/SALT (España).

La producción dramática de Javier Daulte y el sistema teatral porteño (1989-2000)

por Osvaldo Pellettieri

1. Javier Daulte y el teatro de la desintegración

Dentro del sistema teatral porteño de la década del noventa, la producción dramática de Daulte ocupa un lugar sin duda singular. Si bien su poética es cercana a la de otros autores del "teatro de la desintegración", hay en ella aspectos peculiares que la distinguen del resto, especialmente su irónico y sutil tratamiento de las relaciones entre sus personajes siempre tensionados entre lo sentimental-melodramático y el "deseo en estado puro" que los lleva a su extremo, a cometer actos perversos o nobles pero siempre terribles. Vamos a estudiar brevemente el teatro del período que nos ocupa para luego situar la obra de Daulte dentro de este panorama, analizando los rasgos en común con otros teatristas y su diferencia, su singularidad.

Con la epigonización del sistema teatral abierto en los sesenta que tuvo su apogeo en Teatro Abierto '81, comenzaron a aparecer una serie de formas teatrales que configuraron un nuevo sistema teatral (Pellettieri, 1994). Nos referimos al que denominamos teatro de resistencia a la modernidad domesticada, cuyo paradigma es *Postales argentinas* (1988), llevada a escena por Ricardo Bartis, y el teatro de parodia y cuestionamiento, cuyos grupos más representativos fueron Los Melli, Los Macocos, Las Gambas al Ajillo, La

Banda de la Risa y El Clu del Claun. Estos espectáculos fueron presentados en espacios como el Centro Cultural Ricardo Rojas, Cemento o el Parakultural entre otros. Si bien no contaban con textos dramáticos previos, uno de sus ejes fue la parodia al llamado "teatro serio", fundamentalmente a un realismo al que percibían como remanente. Esta parodia, que por cierto no fue el único mérito de estos grupos hoy en su mayoría disueltos, tuvo un rol fundamental en la reconfiguración del sistema teatral. Este rol consistió en poner en evidencia las convenciones que convertían al realismo en epigonal. Si estas formas teatrales no prosperaron –la parodia concluyó por agotarse en sí misma ante la falta de formas novedosas– dejaron un terreno fértil para la aparición de una nueva dramaturgia que combinaba el intertexto posmoderno con formas modernas, fundamentalmente procedimientos del expresionismo y de la neovanguardia absurdista.

Aparecen entonces autores como Daniel Veronese, Rafael Spregelburd, Alejandro Tantanian y el propio Javier Daulte, entre otros. Estos autores están protagonizando una manera diferente de vincularse con el "teatro mundial" en un ambiente limitado durante años a "vivir con lo nuestro". Ellos constituyen la tendencia más cercana al teatro posmoderno del polo emergente a la que denominamos "teatro de la desintegración" y que, a nuestro juicio, es la continuidad estético ideológica del absurdo como éste fue, a su vez, la continuidad de la tradición irracionalista-pesimista del grotesco y del expresionismo. La diferencia estriba en que el absurdo pretendía demostrar la arbitrariedad de la existencia humana en la sociedad y todavía creía en la noción de sentido, exigía una interpretación, fortalecía aún la significación. Salvo en el caso de algunos textos como *Remanente de invierno* (1995) de Rafael Spregelburd, en el cual se percibe un relativo optimismo posmoderno, estas obras presentan un pesimismo intenso, "muestran la desintegración textual y social, la incomunicación familiar, la violencia gratuita, la ausencia de amor en la 'convivencia posmoderna'".

Todos los textos emergentes, especialmente los más cercanos al polo posmoderno, al "teatro de la desintegración" poseen una serie de coincidencias en lo referido a su ideología estética que enumeramos a continuación:

1) La concepción de la obra dramática y del fenómeno teatral como simulacro. Los textos no adhieren a la oposición verdadero/falso propia de la modernidad teatral.

2) El texto dramático busca la deconstrucción del lenguaje y de la razón y, por lo tanto, de la certidumbre. Indaga en la trama de diferencias de un texto hasta llegar a su deconstrucción.

3) La conclusión es que estas "opciones dramáticas" se oponen al dogmatismo de la razón. Infieren que en los textos hay varios sentidos y que el interrogante debe permanecer abierto. En este caso hay una notoria limitación de la evidencia de sentido.

4) Esta situación hace que los textos se presenten como fragmentarios, inconclusos, complejos.

5) Se trata de textos intertextuales. Y esta relación intertextual no se establece con un texto individual, como ocurría con la intertextualidad moderna, sino con un género o tendencia.

6) No se persigue la originalidad, se escribe lo viejo (una farsa, un vodevil, un melodrama) pero de manera nueva. La vieja textualidad adquiere nuevo sentido gracias al nuevo texto.

Algunas obras que comparten estas características y que, con variantes se incluyen dentro del teatro de la desintegración, son: *Destino de dos cosas o de tres* (1993), *Cucha de almas* (1992), *Remanente de invierno* (1995), *La tiniebla* (1994), *Raspando la cruz*

(1996) de Rafael Spregelburd; *Crónica de la caída de uno de los hombres de ella* (1990), *Cámara Gesell* (1993), *Circonegro* (1996) de Daniel Veronese; *Obito* (1989), *Criminal* (1991), *Martha Stutz* (1997), *Casino* (1998), *Geometría* (1998), *Faros de color* (1999) y *Gore* (2001) de Javier Daulte; *La China* (1995) y *El amor* (1996) de Sergio Bizzio y Daniel Guebel, *Gravedad* (1996) de Sergio Bizzio, *Cachetazo de campo* (1997) y *Mil quinientos metros sobre el nivel de Jack* (2000) de Federico León; *Herida* (1997) de Bernardo Cappa y *La escala humana* (2001) de Javier Daulte, Rafael Spregelburd y Alejandro Tantanian.

Ahora bien, si el teatro de la desintegración aparece como la continuidad estético-ideológica del absurdo –género parcialmente abortado por la fuerza que el realismo ejerce dentro del sistema– es posible distinguir tres variantes dentro de este teatro que se presentan como respectivas continuadoras de las diferentes variantes del absurdo. Estas son:

a) El teatro de la desintegración "existencial": la "desintegración" del realismo –aún del realismo crítico– que se logra por medio de la apropiación de procedimientos absurdistas, en especial de la segunda fase del absurdo gambariano, da por resultado una variante del teatro de la desintegración que pone en crisis al lenguaje y sus aspectos autoritarios y a la que denominaremos "existencial".

Una variante "optimista" de esta textualidad es *Remanente de invierno* de Rafael Spregelburd. El sujeto de este texto es Silvita y su objeto es la "identidad" que se hallaría en el cambio, en el devenir constante. Su optimismo se fundamenta en el logro parcial del objeto por parte del sujeto. Silvita cuenta con escasos ayudantes y su principal oponente es la sociedad representada por la mayoría de los personajes, pero también por los electrodomésticos, los medios de comunicación y el lenguaje –la gramática– todos ellos vinculados a un orden represivo. El destinador es la propia Silvita y el destinatario es ella misma y la sociedad. En este texto predominan los desempeños, sobre todo verbales, y se percibe una gran actividad por parte del sujeto para lograr su objeto. Es posible incluir a Silvita dentro de la tradición del teatro de Gambaro, en especial de su segunda fase, en la cual aparecen personajes femeninos positivos que se oponen a un orden social siniestro. En su semántica, cercana a la segunda fase del absurdo gambariano refuncionalizada por procedimientos farsescos y posmodernos, se percibe un optimismo "posmoderno", centrado en la idea de demolerlo todo para hacer todo de nuevo, de deconstruir el lenguaje y las tradiciones como instrumento de cambio.

Se trata de una tendencia "ingenua" y de escasa productividad dentro del teatro de la desintegración: de hecho la producción posterior del propio Spregelburd se aleja cada vez más de esta variante. Respecto de Daulte, podemos decir que ninguna de sus obras se incluyen en esta tendencia. Sin embargo, algo de ella puede encontrarse en algunos de sus textos: si bien sus personajes son, en líneas generales, "negativos" –cuando no decididamente perversos– hay algo en ellos que los reivindica desde una perspectiva posmoderna: nos referimos a ese "compromiso con el juego" y con el propio deseo que Daulte reivindica como el fundamento de su poética y que permitiría establecer una conexión entre Silvita y los personajes de *Casino* o de *Gore*.[1]

---

1 En *Gore*, como antes en *Obito*, se parodia fundamentalmente la ciencia-ficción; sin embargo, desfilan por él una serie de "deseos humanos" que dieron vida a infinidad de melodramas y que son presentados dentro de un desarrollo paródico-satírico. Ejemplos de estos deseos son el deseo de ser madre de Venusaur o el de formar una pareja de Jessica, o el odio irracional que deviene en la muerte de Lucrecia quien es asesinada a pesar de que había descifrado el "enigma" de los

b) El teatro de la desintegración "nihilista": Esta variante, sin lugar a dudas la más pesimista, pone en crisis fundamentalmente la idea moderna de "verdad". Es por ello que en estos textos se "desintegran" géneros como el policial, en el cual el objeto es, en sus variantes "clásicas", resolver un enigma y, por lo tanto "descubrir" la verdad, pero también se deconstruyen discursos "modernos" igualmente asociados a la idea de verdad tales como el psicoanálisis o el discurso médico. Un texto paradigmático de esta variante es *Cámara Gesell*, de Daniel Veronese. En este texto el sujeto es Tomás y su objeto es el crimen. Las actancias destinador y destinatario están vacías y predominan los desempeños físicos, que contrastan con los casi nulos desempeños verbales de un sujeto incapaz de verbalizar la experiencia inefable del crimen. Los encuentros personales son permanentemente transgredidos por la violencia, y lo siniestro aparece como un elemento central: como en el "teatro de amenaza" de Pinter, Tomás –"víctima" y "personaje amenazante" a un tiempo– irrumpe con su inefabilidad en un universo cotidiano y reconocible. El aspecto pesimista del texto radica en que ni las familias que adoptan a Tomás ni los representantes de las instituciones (médicos, psiquiatras, asistente

---

extraterrestres de manera casual. Ello contrasta con el sacrificio voluntario de los extraterrestres que comprenden que su especie no se está extinguiendo por una cuestión genética sino por "falta de amor" y aceptan ser eliminados por los "terrícolas". *Gore*, al igual que *Casino*, es intertextual con el teatro de amenaza pinteriano: hay aquí una extraescena amenazante de donde proceden los extraterrestres que necesitan de los "jugos" de un grupo de jóvenes para poder reproducirse. Sin embargo, no habría en ellos un afán destructivo: si su accionar produce algún daño –como el envejecimiento de Eduardo–, se trata de un efecto inesperado y de hecho, en el sacrificio final de los extraterrestres se percibe un acto "noble", no exento de ironía, que los redime parcialmente.

social) consiguen "domesticar" a Tomás o, al menos, explicar las motivaciones de su accionar. *Cámara Gesell* presenta una alternancia entre la trivialidad y la amenaza tal como ocurre en el teatro de Pinter, hecho que redunda en un tipo de identificación irónica. La inclusión del narrador busca que el espectador se identifique con su deseo de explicar racionalmente los crímenes del personaje inefable, de encontrar las causas que lo impulsan a actuar y que, al mismo tiempo, tome distancia y comprenda la imposibilidad de explicar los hechos racionalmente. De algún modo, este narrador parodia, del "personaje embrague" del realismo, intenta encontrar una causalidad explícita que permita comprender los actos del protagonista regidos por la causalidad implícita propia del universo absurdo en el cual éste se desempeña. La semántica del texto se centra en la imposibilidad de conocer, de acceder a las motivaciones que impulsan a Tomás al crimen. En él se cuestiona la posibilidad de acceder a la "verdad" lo cual redunda en una transgresión a la poética realista que es permanentemente parodiada y sobre la cual el texto ironiza de manera constante.

Algo similar sucede con *Martha Stutz*: en este texto se parodia al género policial y al llamado teatro documental. En él, la "verdad" se presenta como algo imposible de resolver y la sucesión de testimonios no son suficientes para descubrir qué ocurrió con *Martha Stutz*.

c) El teatro de la desintegración "satírico": En esta variante "neutral", equidistante del pesimismo de las obras de Veronese o del relativo optimismo de *Remanente de invierno* o de *Mil quinientos metros sobre el nivel de Jack*, se parodian géneros diversos y se percibe un mayor acercamiento al referente aunque con fines lúdico-satíricos. En esta textualidad –dentro de la cual podemos incluir textos de Daulte como *Obito, Criminal, Casino, Geometría* o *Faros de color*, la sátira se distingue de la sátira "moderna" en el hecho de que si bien pone en cuestión ciertas conductas sociales, no propone ninguna otra a seguir. El elemento común a todos ellos es que el deseo aparece como principal motor de la acción. En esta variante se parodian distintos géneros, especialmente el melodrama, por medio de cuya desintegración se satirizan sentimientos "nobles" como el amor, la amistad o la fidelidad. Aún en textos como *Obito*, de Javier Daulte o *Gravedad*, de Sergio Bizzio, en los cuales se parodia la ciencia-ficción, en un evidente cuestionamiento a la idea moderna de progreso, las acciones de los personajes parten del puro deseo y transgreden al melodrama.

Las semejanzas y diferencias de estos textos nos hablan del estado actual de nuestro teatro y –de manera menos directa– de nuestra sociedad. La heterogeneidad lingüística de las obras "reproduce" los conflictos sociolingüísticos que fracturan a nuestra comunidad: el uso deconstructivo de la lengua, la puesta en crisis de las categorías espacio-temporales y la multiplicación de las posibilidades de representación no realista y caótica de un presente en crisis son algunas de las características generales que comparten. Todo ello redunda en una semántica basada en la búsqueda de "desintegración" de todo aquello que operaba como sustrato del llamado teatro moderno, en el claro intento de poner en crisis las ideas nucleares de nuestra modernidad "domesticada", a saber: la verdad, el lenguaje y la comunicación, el amor y los sentimientos solidarios, la idea de nación y la fe en el progreso. Pensamos que los textos que aquí nos ocupan nos hablan del estado de emergencia de nuestro teatro, emergencia entendida como renovación, como cambio pero también estado de emergencia de un teatro y una cultura que se desmoronan.

2. Javier Daulte y el teatro de la desintegración "nihilista"

2.1. Del teatro testimonial al teatro como simulacro

Más allá de los atractivos estéticos puntuales y contemporáneos que ofrece *Martha Stutz*, de Javier Daulte (*Por contrato de trabajo*, 1983; *Obito*, 1989; *Un asesino al otro lado de la pared*, 1991; *Criminal*, 1991; *Desde la noche llamo*, 1995; *Muy rápido, muy frágil*, 1985, entre otros textos) para el historiador teatral la pieza tiene enorme interés, en tanto implica una parodia del texto preexistente del llamado "teatro documental" de los revolucionarios años setenta, cuya significación arroja luz y es una respuesta al problema de la identidad y la proyección de nuestro teatro en el futuro.

La parodia se basa en una intensa relación con un texto preexistente, en este caso el teatro documental. ¿Cómo era ese teatro? Se concretaba a partir de un texto basado en fuentes testimoniales sociológicamente definidas. Tendencia que era, en definitiva, una intensificación del ideologismo del teatro de Brecht, que cuestionaba la significación histórica de la tradición liberal. Creaba según su "inventor", el alemán Weiss (1976) un mundo teatral válido por sí mismo, independiente, autosuficiente, pero que "renuncia a toda invención, se sirve de material auténtico y lo da desde el escenario sin variar el contenido... La selección se concretará sobre un tema determinado, generalmente social o político". Para el autor de *La investigación* (1965) y *Trotsky en el exilio* (1969) este teatro perseguía dos objetivos: entregar los resultados de la investigación histórica realizada por el autor y recrear una evaluación del hecho histórico en el auditorio, proponiendo al público como jurado. En suma, el teatro como instrumento de la lucha social.

21

Dentro de esta tendencia se incluye, en un lugar privilegiado para la recepción productiva del teatro documental en la escena porteña, el estreno y la posterior censura municipal de *El vicario*, de Rolf Hochhuth, el 2 de febrero de 1966. En esta pieza, por medio de una nutrida documentación, se dan a conocer los incidentes que inducen al Papa Pío XII a silenciar la voz de la Iglesia ante la barbarie nazi.

En diversos trabajos –y especialmente en *Teatro documental latinoamericano*, de Pedro Bravo Elizondo, se ha puesto de manifiesto la apropiación de esta textualidad por parte del teatro latinoamericano a través de autores como el mexicano Vicente Leñero (*Pueblo rechazado*, 1968; *Compañero*, 1970, *El juicio*, 1972, entre otras), el cubano Raúl Macías (*Girón. Historia verdadera de la brigada 2506*, 1971), los colombianos Fernando González Cajiao (*Huellas de un rebelde*, 1970) y Luis A. García (*Took Panamá*, 1974) por mencionar solo a algunos. Entre nosotros, el texto más importante que expresó esta tendencia fue *Relevo 1923*, de Jorge Goldenberg, premio Casa de las Américas 1975, que testimonia las huelgas de la "Patagonia rebelde" de 1922.

Muy tempranamente, textos como *Los albañiles* (1969) de Vicente Leñero, estilizaron este modelo (siguieron sus pautas y algunas de sus convenciones, pero utilizándolos para sus propios fines estéticos) y lo incluyeron dentro de una atractiva variante del género policial. En este texto, el crimen que se concreta al principio de la pieza queda sin resolver: su elucidación se deja al arbitrio del espectador. Representa un intento de objetivismo teatral, que opta solo por mostrar las conductas de los personajes.

En realidad, lo que hizo Leñero fue "reducir las pretensiones" del teatro documental. *Los albañiles* observa con detenimiento los aspectos más deteriorados, más convencionales de la trama policial. Los personajes son seres miserables, dañados y olvidados por la sociedad. La pieza conlleva una gran economía teatral, y se la incluía dentro de una estética de lo mínimo.

2.2. Una teoría de la relatividad

Martha Stutz es ya un texto autónomo frente al teatro documental y se hace cargo de las contradicciones del teatro emergente de esta década. Se constituye como una suerte de continuidad o prolongación del género, y se incluye dentro de la tradición textual, ubicándose "cerca" del teatro documental. Expone a este teatro, en su parodia "seria", proponiendo una lectura pesimista que modifica su sentido: todo es relativo, no hay manera de saber qué pasó con Martha Stutz; se ocupa menos de la realidad y más del arte y de sus convenciones, sin hacer diferencias entre lo "alto" y lo "bajo". Es por esto que tiene varios rasgos en común con el teatro documental. En su sistema de personajes reaparecen algunos actores estereotipados y simbólicos: el Conductor, el Ayudante 1 y el Ayudante 2. Aparecen también personajes realistas referenciales, a la manera del modelo parodiado: Gustavo Gilberto González, Pascuita, Risler, Carmen. Asimismo, algunos de los hechos que se escenificaron ocurrieron, y gran parte de la ficción teatral del texto parodiado se ve muy claramente, puesto que el objeto de la representación parece ser la exposición de las circunstancias que llevaron a la desaparición de Martha Stutz a través de procedimientos realistas basados en la reconstrucción de los hechos –paralelismo en la presentación de personajes y gradación de conflictos–. Estos elementos propios del realismo psicológico contribuyen a que el público se "distancie", le proporcionan datos para

que pueda seguir los sucesos –al menos al principio–
conociendo detalles de su prehistoria.

Todo esto no permite que el lector-espectador
pierda de vista la relación de la pieza con el texto
parodiado, a lo que se agrega, muy especialmente,
que ambos se basan en el procedimiento del "teatro
dentro del teatro", que su escenificación se halla inte-
rrumpida, reiterada y fragmentada con anticipaciones
y retrospecciones, que la intriga tiene continuidad, no
se divide en cuadros, que en el aspecto verbal se
reproduce el probable discurso histórico, mezclado
con la introspección y la mostración de la interioridad
y que ambos se basan en la mutabilidad de los signos históricos –personajes de la ficción interpretan a
otros personajes de la ficción: por ejemplo, Pascuita
se convierte en la Risler, y López Zabala 1 en López
Zabala 2–.

La inversión del texto documental se da por la
ampliación de los rasgos distintivos de los personajes
que se relacionan con el "juicio": el Conductor acre-
cienta su agresividad, el supuesto culpable, López
Zabala 1 y 2 su presunta actitud "dual": directamente
es "dos". El personaje típico del teatro documental se
desdobla: se destruye así lo que podríamos denominar "la justicia" como hecho "verdadero y objetivo".
Si es dos, ¿cómo saber cuál es el culpable?

Las didascalias (o acotaciones) focalizan determi-
nados artificios de la actuación por acumulación de
actitudes, histrionismo, cambios de entonación. A
diferencia del ilusionismo del teatro documental,
todo está destinado a mostrar al espectador que "está
en el teatro" y no en un juicio.

2.3. La escena en cuestión

De este modo se invierte el punto de vista realista sobre la mirada "crítica testimonial" del género

parodiado. El realismo deja paso a la farsa, a un "retrato ridículo", irónico, que –como en casi toda la obra anterior de Daulte– cuestiona la posibilidad de reconstruir un crimen.

La inversión de procedimientos y del punto de vista remite en *Martha Stutz* a un tema "histórico" del teatro argentino actual que ya planteamos en trabajos anteriores (Pellettieri, 1991, 1998): ejemplifica un momento en que se busca redefinir roles o discutir ideas muy arraigadas de la función de la escena entre nosotros. Este cuestionamiento implica un intento, compartido por Daulte y otros dramaturgos, actores y directores, de pasar de un teatro "para pensar", a otro que muestre esos mismos problemas de forma individual y limitadamente referencial, abandonando la tendencia a considerar al teatro como una práctica social. Textos como *Criminal* o *Martha Stutz* predisponen a la ruptura de la inercia con relación a la función que el sistema teatral había reservado al drama. Así, debido a la inversión del punto de vista, los personajes no buscan la verdad, búsqueda que fue objetivo central del género parodiado. En una actitud que se contrapone con la de sus antecesores, el Conductor dirige la representación pero fracasa: lo hace no hacia "la verdad" sino hacia "el acaso". El enigma termina poseyéndolo. En realidad, el juicio propio del teatro documental deviene en un diálogo de sordos del que resulta difícil extraer una conclusión que no incluya el relativismo. Lejos estamos de concretar una verdad histórica o de responder a las preguntas que los hechos nos plantean.

2.4. La trama del revés

Martha Stutz es un texto en el que se mezclan las poéticas capaces de transgredir –tal como lo pretende la parodia– el realismo del teatro documental. Así es como éste convive con los procedimientos del expresionismo: se infringe el procedimiento del encuentro personal –la "verdad" del que habla es sólo ambigüedad para los otros actores y para el público– los personajes se empequeñecen, se aíslan. Además de los personajes desdoblados ya mencionados, aparecen otros simbólicos (la Mujer Niña), otros estereotipados (el Conductor, los Ayudantes 1 y 2), que en el trabajado sistema de personajes de la pieza se encargan de desorientar a las desasosegadas criaturas realistas (Gustavo Gilberto González, Pascuita, Carmen). Al mismo tiempo, es imposible que durante la lectura o la representación, no evoquemos el teatro de Harold Pinter y las ficciones de Lewis Carrol, sus *Aventuras de Alicia en el País de las Maravillas* (1865) y *A través del espejo y lo que Alicia encontró allí* (1871). Los procedimientos propios del primer Pinter –tan productivos en su momento para nuestro teatro, y remitámonos solo a Gambaro y a Pavlovsky– se mezclan también de manera casi imperceptible con los artificios realistas: la apariencia engañosa de los personajes que a lo largo de la trama revelan "otra realidad", la motivación "opaca" de los mismos y sus grandes contradicciones, la omisión deliberada de los motivos de su acción, su debilidad de carácter y, en el caso del supuesto criminal desdoblado, la falta de concentración en sus problemas, producen sobre el lector-espectador un efecto de incertidumbre. Así, a cada afirmación de González o López Zabala, se les opone otra, de sentido contrario. Es la famosa "comedia horripilante", a mitad de camino entre el humor y el horror.

En cuanto al intertexto de Lewis Carroll, múltiple y evidente en varias partes de la pieza, nos interesa rescatar el aspecto que la crítica moderna descubrió en *Alicia*: su condición de texto en clave, al que es necesario leer varias veces para advertir que no se trata de ficción para niños, como hasta hace poco se creía, sino para mayores con capacidad de descubrir su carga simbólica y satírica. Se trata de la relación de la Mujer-Niña con Alicia: como ella, la Mujer-Niña observa la acción con una mirada convencional, con lo que –sin demasiada precisión– podríamos denominar "la ingenuidad de la razón". Sus ojos no ven lo invisible, aquello que está detrás de lo evidente.

Por eso, durante las fallidas "reconstrucciones" que hay en la pieza, transita de un sofocón a otro, y con el desenlace abierto se vislumbra su conocido final. Este personaje corta definitivamente con la concepción de la doxa sobre este tipo de piezas que postula por un lado a los personajes positivos y por otro a los negativos, y en cuyo desenlace la justicia poética pondrá las cosas en su lugar.

2.5. Todos los juegos el juego

Ahora bien ¿qué significa esta parodia? Merced a los procedimientos de exposición e inversión y transgresión al teatro documental, *Martha Stutz* se presenta como simulacro, como un territorio regido por sus propias leyes, y proponiendo un desarrollo paralelo a la denominada realidad. Se apropia de procedimientos de las pretendidas narraciones documentales del teatro y también de sus subproductos, las películas y los programas de televisión "testimoniales", cuya finalidad pretende ser "una narración fidedigna" de los hechos históricos y policiales, reproduciendo los signos de ese mundo. Lo que hace, en realidad, es "jugar", crear imágenes cuestionadoras del realismo psicológico, deconstruir los procesos de representación de dramatización de los testimonios. Así, las distintas interpretaciones de los hechos por parte del Conductor y de Gustavo Gilberto González dan a entender que los testimonios –las fojas del proceso, los artículos periodísticos– cambian su sentido según los deseos y la ideología de quienes los enuncian. Resulta evidente que la pieza se autopropone como un punto de vista más y que cree que para cada lector-espectador hay un caso Martha Stutz diferente.

Este simulacro, este querer ser "otra cosa" que lo referencial, no excluye ni inhabilita, por supuesto, otras posibles lecturas que consideran a *Martha Stutz* como "teatro social", ya que entre nosotros la corrupción y las "limitaciones" de la justicia están en el horizonte de expectativas de toda la sociedad. Pero, seguramente, el texto "quiere" ser leído desde la ambigüedad de esta cita de Arthur Miller: "Casi siempre los que conocen la verdad no la dicen y los que la dicen no la conocen".

3. Javier Daulte y el teatro de la desintegración satírico

3.1. *Casino*

Como otros textos de Daulte, *Casino* se nutre de intertextos heterogéneos: el melodrama, el musical, la comedia negra, el teatro de Pinter, el realismo, el policial, el género "bélico". Como en *Martha Stutz*, se percibe aquí un coqueteo con el referente que hizo que la crítica periodística pudiera realizar, en la mayor parte de los casos, una lectura "realista". Si bien nada autoriza en este texto tal lectura, es evidente que la sola presencia de militares en escena y la mención de una guerra se prestan a equívocos. Aún la homosexualidad de los personajes, todos hombres y militares, se acerca a la mirada de la doxa bienpensante que vincula el mundo militar con la homosexualidad. Sin embargo, no hay en Daulte una "voluntad referencial": el texto se desarrolla al comienzo de un modo bastante cercano al "teatro de amenaza de Pinter", pero luego esta forma se disloca y se exacerba por medio de la caricatura, sobre todo a partir del ingreso a escena de Jim y sus hombres.

Aquí, el sujeto es el Capitán y su objeto es Julián. El destinador es el propio Capitán y su destinatario es él mismo. No tiene ayudantes –salvo él mismo– y todos los demás son sus oponentes. La intriga presenta un diseño tradicional y el motor de la acción es el deseo, lo "sentimental" despojado de sentimentalismo, salvo hacia el final en el que el amor se vuelve central. De algún modo, el encierro, el aislamiento al que se hallan sometidos los personajes potencia e intensifica los deseos y las pasiones. Al igual que en el "teatro de amenaza" pinteriano, encontramos una extraescena inquietante: afuera la gente muere asesinada y de allí procede Jim, el enemigo, una suerte de "stripper" cuya guerra parece más un juego que una guerra propiamente dicha. Pero la escena y la extraescena se rigen por lógicas diferentes y la figura del personaje amenazante es transgredida y parodiada. En la extraescena, las muertes parecen carecer de lógica. Como afirma Patterson respecto de uno de los muertos:

> Lo encontré así. Se vació el cargador de la metralla justo debajo de la mandíbula. Algo típico. Vomité ahí mismo. Tuve que reemplazarte. ¿Qué estás haciendo acá? Estas muertes sin explicación nos demoran y retienen en este inmundo páramo. Y esto sólo traerá más ansiedad y más muertes inexplicables. Capitán, necesitamos movimiento si no queremos... Claro que si se tratara de un ataque es de una estrategia diabólica e indescifrable. ¿Y bajo qué pretexto movilizarnos sin que sea leído como un acto de cobardía? Estamos en una encrucijada.

Pero si en la extraescena el enemigo anónimo comete crímenes terribles y aparece como algo inefable que los personajes de la escena no consiguen explicar, una vez ingresados a la escena Jim y sus hombres, más que una amenaza, son un objeto de deseo del grupo asediado que acepta gustoso la derrota y el sometimiento del rival y presencia extasiado sus bailes y canciones. En este punto se parodia el musical y Jim desarrolla un "show" destinado a capturar el deseo de los personajes que se hallaban en la escena.

Los encuentros personales son transgredidos y parodiados por lo trivial, por lo "vulgar" en un texto que incorpora rasgos melodramáticos como la pareja imposible, la constitución de triángulos amorosos y los amores no correspondidos. Hay gradación de conflictos y una clara búsqueda del efecto humorístico, en especial por medio de la expectativa defraudada. Aún hay un "personaje testigo", El Niño, que si bien no enuncia jamás una tesis, por otra parte inexistente, consigue distanciarse irónicamente de los sucesos escénicos. Aunque participa del juego y se compromete con él, carece de la grandilocuencia y del sentido del honor de sus camaradas y superiores. Hacia el desenlace, cuando Patterson muere, dice: "Que picardía; no pude recuperar de ellos ni una mísera moneda. Bah; yo sabía que esto iba a terminar así", alejándose parcialmente de la consternación del resto de los presentes. Pero aún este personaje es "redimido" hacia el final, cuando al oír la "Canción de Cuna para el Teniente" dice conmovido: "Qué bello. Qué afinado. Qué hermosa melodía. Qué voz, soldado. Qué bella voz. Brindemos por su maravillosa voz, soldado. Brindemos".

El sistema de personajes se divide en "dominadores" y "dominados" que intercambian permanentemente sus roles y el poder es representado como un juego en el cual los roles pueden invertirse, un juego de deseos comunes y enfrentados que jamás deja de ser juego aunque desemboque en la muerte. De algún modo, la figura que sintetiza este juego del deseo es el triángulo, en este caso el triángulo amoroso que configuran Julián, Patterson y el Capitán, apenas alterado por la presencia de Jim.

En el aspecto verbal las funciones predominantes son la conativa, la expresiva y la poética, por medio cuya superposición el texto llega a la parodia del melodrama, a lo kitsch, produciendo un tipo de humor cercano a la estética de los filmes de Almodóvar. Esa proximidad se incluye dentro del marco de la posmodernidad entendida en sentido amplio: como en otros textos posmodernos, en Daulte la parodia no invalida la emoción y el humor no consigue anular los aspectos "sentimentales" del texto.

Todo ello enunciado en un registro sutilmente irónico y ambiguo que busca poner en crisis a un espectador, emocionándolo por medio de situaciones que se alejan del verosímil realista y que aparecen como visiblemente absurdas y hasta ridículas. El aspecto verbal contribuye a aumentar lo ridículo de las situaciones: en el texto se parodia, por ejemplo, el discurso militar –los militares hablan de manera evidentemente "gay", reivindican su modo de hablar, sus gustos y su estética– enuncian de manera directa y sin inhibiciones aquello que en una corporación "machista" debe permanecer oculto: el deseo homosexual en estado puro, pero también el amor entre hombres. Por ejemplo Patterson, ofrece al Capitán los servicios sexuales del Soldado: "Insisto, Capitán. No se va a arrepentir. Una mamada aunque sea. Después me lo va a agradecer. Al principio raspaba un poco con los dientes; pero ahora, desde que le hice extraerlos del maxilar superior lo suyo es auténtica succión".

Pero luego, casi al final, le va a declarar su amor: "Nunca nadie te quiso como te quise yo. Pero nunca te molestaste en notarlo". En este texto, la lógica del deseo –como en su versión de *Sueño de una noche de verano*– rige las acciones de los personajes. El amor y la guerra –que aquí son presentados como intercambiables– son juegos en los que todo vale y que pueden concluir con la muerte. El amor y el erotismo son vistos como una guerra y como un juego al mismo tiempo y esa guerra-juego, símbolo de las relaciones de poder, puede conducir –como el erotismo en el sentido de Bataille– a la muerte, a una pérdida total para quien lo juega sin medida. Tal idea del juego concebido como algo serio se corresponde con la poética que el propio Daulte ha enunciado en un artículo teórico en el que resume algunos puntos de su concepción poética. Para Daulte, si un texto dramático debe comprometerse con algo es precisamente con sus reglas –con el "procedimiento" que el mismo propone– y llevarlas hasta las últimas consecuencias. De ese compromiso "serio" con lo "lúdico" emerge la singularidad del hecho teatral y el placer del espectador. Podemos decir en este sentido que los sucesos que *Casino* narra son emblemáticos de su teoría respecto del "deber ser" del teatro y del sentido que el compromiso debe tener para quienes se dedican al quehacer escénico. El epígrafe de Mishima que da inicio al texto –y con el cual por otra parte *Casino* es intertextual– es en este sentido esclarecedor: la fidelidad de quienes aceptan "morir", llevar el juego hasta las últimas consecuencias hace posible el milagro de ese "dios conmovido hasta derramar lágrimas por nuestra sinceridad". Esa "sinceridad", esa "fidelidad" es las que hacen posible para Daulte la redención y el arte, aún dentro de su visión irónica y materialista de las relaciones humanas.

3.2. *Criminal*

En *Criminal* el sujeto es Diana, su objeto es Carlos y sus funciones –así como las de los otros actantes– son engañar, fingir y traicionar. Como en *Casino,* el motor de la acción es el deseo que determina las acciones de los personajes. Pero aquí el deseo aparece despojado de lo sentimental y representado en sus aspectos puramente negativos. Se trata de un texto en el que los encuentros personales aparecen parodiados y transgredidos. No es posible el encuentro personal porque los personajes no tienen ninguna "verdad" que transmitir: sus enunciados, aún los que se presentan como más "verdaderos" o "sinceros" son solo estrategias para alcanzar su objeto de deseo. En este texto que parodia al melodrama, al realismo y al policial, fundamentalmente al cine de Alfred Hitchcock, y a la "comedia negra", se utilizan recursos "cinematográficos" como la escena paralela, combinados con una serie de procedimientos farsescos por medio de los cuales todos los sucesos se presentan como un gran engaño, como una representación dentro de la representación. Sin embargo, este aspecto farsesco, el juego entre lo real y lo aparente no intenta mostrar, como en la farsa de la década del cincuenta, la realidad que se oculta por debajo de las apariencias, sino que, por el contrario, se busca reforzar el relativismo, arribando de ese modo a un cuestionamiento de la verdad y del progreso del hombre.

En el aspecto verbal se presenta una visión paródica del habla cotidiana de la clase media, pero también el psicoanálisis y su discurso, sus lugares comunes, que la clase media banalizó e hizo propios. De algún modo, el cuestionamiento al psicoanálisis se vincula a esa crítica a la idea de verdad a la que nos referimos: se retoma la figura del "cazador cazado" y el analista es desafectado del lugar de la "verdad" e incluido en una "trama macabra" dentro de la cual termina siendo víctima y victimario. Como ocurría en el policial negro respecto del policial clásico o de enigma –en el policial negro, a diferencia del clásico, el detective jamás se "ensuciaba las manos– aquí el psicoanalista –suerte de "detective del inconsciente"– lejos de su característica actitud "distanciada" se involucra sentimentalmente con sus pacientes y termina asesinando (Bueras) o asesinado (Dr. A). Se trata de una verdadera "inversión de roles", de una "venganza de los pacientes" contra aquellos que detentan el poder de interpretarlos y de encauzar su deseo dentro de los límites que impone el psicoanálisis.

En el aspecto verbal, las funciones predominantes son la conativa –que se pone de manifiesto en las órdenes y los pedidos– y la expresiva. Estas funciones son las que más se adaptan a la lógica de los juegos de poder y del puro deseo que rige la textualidad de Daulte. La parodia, tanto del código social de clase media como de sus deseos y lugares comunes, implica de todos modos un tenue cuestionamiento social –se cuestiona la mediocridad de la clase media– aunque no redundan en una tesis.

La semántica de *Criminal* es similar a la de *Casino*: es la lógica del deseo la que rige las acciones de los personajes en estas obras en las que todo vale y el amor es representado como una guerra. Se percibe un claro juego entre lo real y lo aparente que redunda en una concepción fuertemente relativista.[2]

---

2 Similar a *Criminal* es en este sentido *Obito*: en este texto el sujeto de la acción es Mario y su objeto es obtener un ascenso. Son ayudantes Pérez Cid y Gladys y oponente, SW. El destinador de sus acciones es la empresa y el destinatario es él mismo. Sus funciones son matar, obedecer órdenes, engañar, fingir. La intriga presenta encuentros personales, gradación de conflictos y paralelismo en la presentación de personajes, combinados con procedimientos farsescos, con un intenso juego entre lo real y lo aparente. Todo ello modulado por una

3.3. Geometría

Como en los textos anteriormente analizados, en *Geometría*, se advierte nuevamente la concepción de Daulte del teatro como un hecho autónomo. Aquí va a incorporar los planteos filosófico–matemáticos de Alan Badiou, quien toma el lenguaje universal y acultural de las matemáticas ya que, para él, gracias esa forma de pensamiento no representativo y desobjetivante, el hombre puede sustraerse a la finitud de las interpretaciones históricas. Con su identificación ente matemáticas y ontología Badiou propone una salida al callejón lingüístico heideggeriano. Las matemáticas no hablan de nada, carecen de objeto: por ese motivo, el Sujeto que propone Badiou es aquel que, lejos de dejarse llevar por las opiniones dominantes, se obstina en su certeza a pesar de las evidencias empíricas en su contra. Para él, la verdad, el ser de las cosas, no es su presencia, y referirse a las cosas presentes es algo que caracteriza a la opinión, al sentido común o a la ideología. Considera la existencia de cuatro tipos de verdades: científicas, políticas, amorosas y artísticas. Estas verdades son esencialmente desobjetivantes y, por lo tanto, producen "acontecimiento". En ciertas formas de la poesía en particular y del arte en general ya no se trataría de proponer una reconstrucción metafórica del mundo o una visión herética de éste, sino de sustraerse a la doxa de una época, creando un lenguaje en el que cada elemento se defina por su relación con los demás

---

intensa parodia que borra todo vestigio realista y desestima cualquier intento de encontrar una tesis. En este texto se parodia al realismo, pero también a la ciencia-ficción: la acción transcurre en un futuro impreciso en el que las "relaciones humanas" no son muy diferentes a las del mundo actual. Podemos decir que en este texto, la desintegración de la ciencia-ficción pone en cuestión la idea de progreso.

componentes de la obra de arte. Es decir, produciendo un acontecimiento artístico.

Daulte va a combinar, a partir de las ideas de Badiou, la intriga policial y la de "espionaje". La acción tiene lugar en un hotel, durante el desarrollo de un congreso de matemáticas. Crímenes, teorías matemáticas, atentados terroristas, hipnosis, intrigas amorosas, personajes con doble identidad, se superponen dentro de la lógica fantástica que rige el devenir de esta obra. Pero también en ella el deseo, el amor, va a seguir ocupando un lugar central: como en *Casino*, aquí los personajes van a tratar de satisfacer sus deseos a cualquier precio. Dentro de una lógica política desconocida que lleva a Denis a perpetrar su atentado en el aeropuerto para aislar la comarca –"Me pagan para salvar el mundo de algo que nadie comprende"– irrumpe lo imprevisto, aquello que no responde a ninguna lógica, ni siquiera a esa lógica política incomprensible. Ese aspecto imprevisto es el amor entendido en los términos de Badiou, como aquello que aparece de repente y produce acontecimiento: –"No esperaba conocer a Judith" –dice Denis, –"La variable imprevista. El amor se desliza como un nuevo principio"–. Este dispositivo que articula de un modo casi rizomático amor, política y ciencia en un espacio impreciso, de contornos difusos encuentra su metáfora escénica en el aparato fabricado por But, un "modelo de catástrofe elemental" que sirve para "probar lo imprevisible". Descrito de manera incomprensible para el lector e irrepresentable escénicamente, el aparato también actúa, como esa otra "máquina" que es el texto dramático, de manera imprevisible. No es casual que aparezca como "protagonista" de la mirada final de But en la que amor y ciencia se articulan:

La bolilla negra jamás volvió a aparecer. Es probable que en un futuro no muy lejano y con ayuda de un buen fondo financiero puedan tipificarse variaciones en un plano topológico que imite los infinitos contornos de un cuerpo humano. Entonces la humanidad sabrá sin vacilación a quien amar. La ciencia es joven. Norma también lo era.

En *Geometría*, como en otras obras de Daulte, encontramos una serie de elementos melodramáticos, en especial la coincidencia abusiva, asimilados a un orden "lógico", a una concepción geométrica de la realidad –y del teatro– por medio de la cual todos los hechos tienden a converger de manera lúdica en un punto impreciso en el cual lo real se pone en crisis: el lugar donde transcurre el congreso en general y el bosque en particular. Esta mezcla heterogénea y "posmoderna" –junto con la transgresión a los encuentros personales por medio del chiste verbal y el juego farsesco entre lo real y lo aparente– busca postular una "teoría del caos" pero también poner en primer plano la singularidad del hecho escénico, su carácter de acontecimiento. Como afirma Thom en el epígrafe que da inicio al texto "en ningún caso tienen las matemáticas ningún derecho a decretar nada respecto de la realidad", a lo sumo crean su propia realidad que no tiene por que coincidir con la realidad empírica. Tal definición es análoga a la concepción de Daulte respecto del arte y del teatro y halla en esta obra su concreción.

3.4. *Faros de color*

En este texto se parodian fundamentalmente el policial negro y el melodrama y se fusionan con el humor negro que caracteriza a la "comedia horripilante". Del melodrama, Daulte toma nuevamente el –falso– triángulo amoroso que conforman Rafaela,

37

Margaret, Carlos y Jeremías –dos hermanos gemelos–. Esta duplicación de uno de los personajes pone en crisis una de las convenciones del melodrama y del policial negro y hacen imposible el momento de la "revelación" que caracteriza a ambos géneros, pero también al realismo. Nuevamente nos encontramos con una extraescena amenazante en la que ocurren hechos terribles, una serie de crímenes: el del perro Marcus y el del novio de Margaret, pero éstos son ejecutados en las elipsis temporales o en la prehistoria, es decir en la extraescena entendida en un sentido amplio. Todo lo esencial sucede fuera de escena, mientras que lo que ocurre en escena es, en la mayoría de los casos, "trivial". La escena es un gran tiempo muerto, una gran parodia de la "trivialidad deliberada" pero también –y fundamentalmente– de los "encuentros personales" en los que el realismo reflexivo halla su fundamento. Pero aquí los "encuentros personales" no nos informan acerca de la verdad: por el contrario, nos alejan de ella aunque por momentos parecen estar a punto de develarla.

La escena se presenta como un espacio en el que se proporcionan "pistas falsas" que deconstruyen la estructura del relato policial convencional. De ahí que la misma aparezca despojada de lo indicial. La estética del despojamiento y de la supresión de lo indicial que proponen Daulte y Gabriela Itzcovich en la introducción es perfectamente funcional con una propuesta textual en la que se busca elidir el referente y crear una realidad autónoma o, al menos, autónoma de esa búsqueda de verdad que había sido el origen y el fin del teatro moderno. El pasado de los personajes, los crímenes perpetrados o fallidos configuran un relato plural o, planteado de otro modo, un conjunto de relatos que se deconstruyen mutuamente y que hacen imposible la reconstrucción de lo ocurrido. Sin embargo, es posible entrever en el texto, a pesar de su búsqueda de autonomía, una crítica a la sociedad actual. Podemos decir con Aisemberg (2000) que los personajes de Daulte son:

> Personajes deshumanizados y banales, que no sienten miedo ni preocupación. Personajes que en momentos se deshacen para descubrir los artificios de la escena y plantear la inexistencia de la identidad, a la vez que entretejen hipótesis que pueden ser falsas o contradictorias, y generan un teatro que ya no puede remitir a un mundo ni a una historia, ni tampoco dar una visión transparente del mundo.

De algún modo, en este texto el mal es representado en su banalidad o en su lisa y llana estupidez. Si tal como afirma Piglia (1992: 57) en el policial negro la develación del enigma no es central y el crimen funciona como un espejo de la sociedad, aquí el enigma vuelve a ser central –aunque su solución sea irrelevante– y la sociedad es vista desde el crimen. Pero tanto los crímenes cometidos como la sociedad representada a través de él son deformados por el prisma de la parodia. Los "terribles" sucesos que se narran ocurren en un ambiente de clase alta, corrupto, deshumanizado y regido por los deseos más atroces y triviales que, de algún modo, y sin dejar de tener en cuenta la densidad paródica del texto, opera como emblema de la ausencia de valores del mundo actual.

4. Conclusiones

La obra de Daulte se inscribe fundamentalmente en dos de las variantes del teatro de la desintegración: la "nihilista" y la "satírica". Dentro de la primera de ellas incluimos a *Martha Stutz*, texto cuya ambigüedad pone en cuestión la noción moderna de verdad y la de todas aquellas nociones vinculadas a ella.

Su semántica relativista está basada en la búsqueda de "desintegración" de ese sustrato del teatro realista moderno que es la verdad y, por lo tanto, es una crítica implícita a la posibilidad de conocer que opera como fundamento del realismo.

Dentro de la segunda de estas variantes, el teatro de la desintegración "satírico", se incluyen textos como *Casino, Criminal, Faros de color* u *Obito*. En ellos el deseo aparece como principal motor de la acción y en los textos incluidos en ella se parodian distintos géneros, especialmente el melodrama, por medio de cuya desintegración se satirizan sentimientos "nobles" como el amor, la amistad o la fidelidad. Sin embargo, los textos de Daulte que se inscriben en esta tendencia presentan dos caras diversas y complementarias: mientras que en algunos de ellos, los más puramente "satíricos", como *Criminal, Faros de color* u *Obito*, el deseo es representado como un factor negativo que hace que los personajes deseantes cometan todo tipo de crímenes para lograr su objeto, en otros como *Casino* aparece una idea sobre la que el propio Daulte teoriza y que "dignifica" a quienes la ponen en práctica: nos referimos a la idea de juego. El juego del deseo, llevado a sus últimas consecuencias, se convierte en amor –recordemos que el amor, como el arte, como las matemáticas, son para Badiou acontecimientos en cuya pureza se percibe un valor positivo y un factor de cambio hacia lo "nuevo"–. Es por eso que en *Casino* hay una redención posible: la de aquellos capaces de arrastrar el juego hacia sus límites.

Desfilan por este texto una serie de "deseos humanos" característicos del melodrama y que son presentados dentro de un desarrollo paródico-satírico que no desdeña lo sentimental y produce un efecto por lo menos ambiguo. Los personajes son capaces de extraerle los dientes a un soldado para que "succione mejor", pero también son capaces de amar y de morir por el otro, de sacrificarse por el juego que han elegido jugar. Podría decirse que gran parte de la efectividad de *Casino* radica en el juego sutil entre lo sentimental y lo paródico, lo cual produce un efecto singularmente intenso. En el texto, aquellos sentimientos que se parodian producen risa pero, al mismo tiempo, logran conmover al espectador. Conmueve, por ejemplo, la "unión" final de los personajes en la muerte, aunque este momento sea transgredido por el chiste verbal de El Niño. Es precisamente en esa ambigüedad, en ese juego entre lo sentimental y lo paródico en el que se hallan, a nuestro entender, los mayores méritos de este texto.

Podemos decir para concluir que la textualidad de Daulte, si bien se inscribe dentro del llamado "teatro de la desintegración", presenta características peculiares que la diferencian de la producción de otros dramaturgos de la misma tendencia. Detrás de su sátira social, de su cuestionamiento a los lugares comunes de la clase media que lo acercan a un realismo al que al mismo tiempo parodia de manera intensa al poner en crisis la noción moderna de verdad que es su fundamento, es posible entrever una cierta fe en el hombre, en su capacidad de compromiso con el juego que elija jugar, de llevar sus reglas al límite y de poner en crisis una realidad a la que exhibe en sus aspectos más banales y deleznables. Es esa nueva forma de compromiso sobre la que el propio Daulte ha teorizado y cuyo valor, a nuestro entender, excede lo puramente lúdico –aunque lo lúdico sea su "principio constructivo"– la que otorga valor a su producción dramática y lo sitúa en un espacio de privilegio en el panorama teatral argentino de fin de siglo.

Colaboró Martín Rodríguez

BIBLIOGRAFÍA

Aisemberg, Alicia, 2000. "Parodia negra y dispersión del relato", en *Teatro XXI*, VI, n° 10 (otoño): 69-70.

Bajtin, Mijail, 1986. *Problemas de la poética de Dostoievski*, México: FCE.

Barthes, Roland, 1986. *El placer del texto*, México: Siglo XXI.

Bravo-Elizondo, Pedro, 1982. *Teatro documental latinoamericano*, México: UNAM.

Dotti, Jorge, 1993. "Nuestra posmodernidad indigente", en *Espacios de crítica y producción*, 12 (junio-julio): 3-8.

Dubatti, Jorge, 1997. "Texto y contexto de la nueva dramaturgia argentina", en *ADE Teatro*, 60-61 (julio/septiembre): 19-24.

Frye, Northop, 1977. *Anatomía de la crítica*, Caracas: Monte Avila.

Pavis, Patrice, 1994. *El teatro y su recepción. Semiología, cruce de culturas y posmodernismo*, La Habana: UNEAC/Casa de las Américas/Embajada de Francia en Cuba.

Pellettieri, Osvaldo, 1994. *Teatro argentino contemporáneo (1980-1990)*, Buenos Aires: Galerna.

_____(director), 2001. *Historia del Teatro Argentino en Buenos Aires*, vol V, Buenos Aires: Galerna.

_____, 1991. "La puesta en escena argentina de los '80: Realismo, estilización y parodia", en *Latin American Theatre Review* 24/2 (Spring): 117-131.

_____, 1995. "Postmodernidad y tradición en el teatro actual en Buenos Aires", en *Gestos*, 19 (abril): 57-70.

_____, 1998. "La dramaturgia en Buenos Aires (1985-1998)", en *La dramaturgia en Iberoamérica*, Buenos Aires: Galerna: 21-40.

Rodríguez, Martín, 2001. "El teatro de la desintegración", en *Historia del Teatro Argentino en Buenos Aires*, vol V, Buenos Aires: Galerna: 463-476.

Weiss, Peter, 1976. *Escritos políticos*, Barcelona: Lumen.

Williams, Raymond, 1980. *Marxismo y literatura*, Barcelona: Península.

CRIMINAL

"Criminal. Pequeña Tragedia sobre una Transferencia Contratransferencial" fue estrenada en el Auditorio de la Facultad de Psicología (UBA) en setiembre de 1995, reponiéndose en el Teatro Payró de Buenos Aires el 13 de enero de 1996.

ELENCO:

Dr. A:	*Carlos Kaspar*
Juan Bueras:	*Marcelo Pozzi*
Diana:	*Dana Basso*
Carlos Cossio:	*Javier Niklison*
Escenografía y vestuario:	*Oria Puppo*
Iluminación:	*Carlos Morelli y*
	Diego Kogan
Banda sonora:	*Edgardo Rudnitzky*
Dirección:	*Diego Kogan*
Prensa:	*Ana Albarellos*

El espectáculo ha recibido las siguientes nominaciones a los Premios ACE 1996:
- Mejor Espectáculo Off
- Mejor Director Off: Diego Kogan
- Mejor Actriz Off: Dana Basso
- Revelación 1996: Javier Daulte

FUERON GANADORES DEL PREMIO ACE 1996:
- Diego Kogan (Director)
- Javier Daulte (Autor)

Javier Daulte también ha sido nominado para el Premio Municipal "Trinidad Guevara" como Mejor Autor Nacional.

La acción se desarrolla en tres ámbitos: dos consultorios de psicoanálisis y la casa de Carlos y Diana. Estos ámbitos pueden estar delimitados entre sí, o puede optarse por la superposición de espacios.

UNO

Consultorio del Dr. A.

DR. A – ¿Ayudarle?

BUERAS – Mi corazón se lo pide.

DR. A – Esto… Es decir… Lleva su tiempo… Hay que establecer una…

BUERAS – ¿Tiempo? ¡Tiempo! ¿De qué tiempo me habla?

DR. A – Le suplico que se calme.

BUERAS – Doctor, por favor.

DR. A – Le puedo dar hora para el viernes.

BUERAS – ¿El viernes?

DR. A – ¿Seis menos cinco le parece? Antes de eso no tengo un solo turno.

BUERAS – No, usted no me entiende. Necesito su ayuda hoy. Ya mismo. Es cuestión de minutos.

DR. A – No hay nada importante que pueda resolverse en "cuestión de minutos".

BUERAS – Sólo escúcheme.

DR. A – En este momento me es imposible. Tengo compromisos…

BUERAS – ¡Se trata de una emergencia, doctor! ¡Usted tiene que escucharme!

DR. A – ¡No me toque! Le suplico: esto es algo ridículo por completo. Usted ha irrumpido en mi consultorio de un modo loco, arrebatado, y me está poniendo en una situación violenta que le aseguro no le va a ayudar en nada a resolver su problema, el cual por otra parte es notorio, permítame decírselo. Pero quiero aclararle que esto es un consultorio de terapia psicoanalítica y no un servicio de urgencia. Dese cuenta que si usted hubiese llegado cinco minutos más tarde se hubiese cansado de tocar el timbre, por la sencilla razón de que no me hubiese encontrado. Y en ese caso no tendría más remedio que recurrir a un hospital o algo por el estilo.

BUERAS – A una comisaría.

DR. A – ¿Qué?

BUERAS – Que si no lo hubiese encontrado habría tenido que ir a una comisaría.

Silencio.

DR. A – No lo entiendo.

BUERAS – Se trata de un crimen, doctor.

DR. A – ¿Un criqué?

BUERAS – Crimen. Un crimen. Pero podría evitarse. Usted podría evitarlo.

DR. A – Por favor; se me hace tardísimo. Preferiría seguir conversando afuera; veremos qué puedo hacer por usted.

BUERAS – ¡No, doctor! ¡Usted no entiende!

DR. A – ¡Señor, por favor, se lo suplico!: no estoy habituado a este tipo de situaciones.

BUERAS – Ni yo.

DR. A – Vámonos, entonces.

BUERAS – Es que podrían matar a una persona.

DR. A – Vaya a la policía. Usted lo dijo: de no encontrarme habría ido a una comisaría. Haga de cuenta que no me encontró, que esta conversación no tuvo lugar.

BUERAS – No se trata de confirmar un asesinato. Se trata de evitarlo.

DR. A – No dio con la persona indicada.

BUERAS – Usted es un cobarde.

DR. A – Exacto. Ahora, si es tan amable.

Le indica la salida.

BUERAS – Carlos Cossio está implicado.

DR. A – ¿Quién?

BUERAS – Carlos Cossio. Su paciente de las cinco.

DR. A – No lo conozco.

BUERAS – ¡Por favor! Lo atendió hoy mismo. Hace poco más de una hora. Como lo viene haciendo cada miércoles desde hace años.

DR. A – Yo no sé nada. Yo a usted no lo conozco. No tengo por qué escucharlo.

BUERAS – No se haga el estúpido. Esto es serio.

DR. A – No le permito.

BUERAS – Vaya al teléfono.

DR. A – Usted no puede obligarme…

BUERAS – No crea que lo está protegiendo. Sería peor.

DR. A – ¿Quién es usted?

BUERAS – Tiene que hacer algo.

DR. A – ¿Quién es? ¿Es de la policía?

BUERAS – No sea ridículo. Hágame caso. Tiene que hablar con Carlos.

DR. A – ¿Qué quiere? ¿Quién lo mandó?

BUERAS – Usted es el único que podría evitarlo.

DR. A – ¿Lo contrató ella? ¿Su mujer? ¿Lo mandó Diana?

BUERAS – ¡Dios! Estamos perdiendo el tiempo.

DR. A – Sí, Diana lo mandó. Yo sabía que algo así pasaría alguna vez. Viene a averiguar. Viene a… Está armado ¿verdad? Me va a amenazar. Busca mi dinero ¿no? *(Saca la billetera.)* Tome, vea: ¡sólo tarjetas! ¡No llevo nada de efectivo!

BUERAS – Guarde eso.

Va a sacar algo del bolsillo interno de su saco. El Dr. A se sobresalta.

DR. A – ¡No lo haga!

Bueras saca una agenda.

BUERAS – Cállese, cálmese, y hágame caso. *(Toma el teléfono y marca el número que lee de la agenda.)* Háblele. Dígale cualquier cosa. Dígale que necesita verlo. Que es urgente.

El Dr. A le cuelga el teléfono con un dedo.

DR. A – Le doy exactamente un minuto para abandonar este lugar. Se lo suplico. No me obligue a hacer una denuncia. Mi curiosidad profesional tiene un límite y usted hace rato lo ha rebasado, de modo que no sé ni me importa qué clase de psicópata es usted. Y le aclaro que de ningún modo voy a permitir que usted ni nadie interfiera en la relación que mantengo con mis pacientes. Y no quiera suponer que ni remotamente conseguirá que yo amenace destruir un trabajo de años con el señor Carlos Cossio por seguir sus maníacas instrucciones. *(Le quita el tubo de la mano y lo coloca en su lugar.)* De modo que salga de mi consultorio de inmediato.

BUERAS – Carlos va a matar a una persona, doctor.

DR. A – Y bueno, que la mate si quiere. Yo no tengo por qué meterme.

BUERAS – ¿Por qué?

DR. A – No sería profesionalmente ético.

BUERAS – ¿Ético? ¿No se da cuenta de que Carlos sería detenido y que a usted lo citarían para declarar? ¿Que si el caso se ventila sería para usted una pésima publicidad? ¿Que perdería a todos sus pacientes?

DR. A – ¿Todos mis pacientes? Esto es extorsivo. Aunque no puedo entender qué beneficio puede usted obtener de todo esto salvo el placer de perjudicarme. Es el típico comportamiento de una personalidad perversa como debe ser la suya. Todo me indica que esto no puede ser más que un invento.

BUERAS – Hubiéramos podido ahorrarnos detalles.

DR. A – ¿Qué quiere decir?

BUERAS – Que usted me obliga a faltar al secreto profesional. *(Pausa.)* La víctima es Diana, la esposa de Carlos. Mi paciente de los miércoles, a las seis.

La acción se desplaza súbitamente al consultorio de Bueras.

DOS

Consultorio de Bueras.

DIANA – Me di cuenta de algo. Es monstruosamente idiota: Carlos tiene una amante.

BUERAS – ¿Y cómo supiste?

DIANA – Sabés que ya no le reviso las cosas. Prometió estrangularme si volvía a fotocopiarle la agenda. Pero hay muchos modos de averiguar datos. Para algo fui oficial de la policía.

BUERAS – ¿Por ejemplo?

DIANA – La pasión.

BUERAS – ¿Dejaron de tener relaciones?

DIANA – No.

BUERAS – ¿Entonces?

DIANA – ¿Tengo que contarte?

BUERAS – No estaría de más.

DIANA – No me gustan ciertas...

Se detiene. No le salen las palabras.

BUERAS – ¿Qué?

DIANA – Ciertas... Ciertas "atribuciones" que se toma Carlos.

BUERAS – ¿Atribuciones? ¿Cómo cuáles?

Pausa. Luego, rápidamente:

DIANA – Cuando cogemos me quiere meter los dedos en el culo.

Pausa.

BUERAS – ¿Eso es todo?

DIANA – ¿Te parece poco? *(Pausa.)* A esa otra yegua debe fascinarle y él supuso que a mí también

49

me volvería loca. ¡Imbécil! (*Breve pausa.*) En tres semanas voy a anunciarle que nos separamos. Antes no. Prefiero no tener problemas con la renovación del contrato del departamento.

BUERAS – ¿Y cómo creés que te va a resultar convivir con él estas tres semanas?

DIANA – Simularé.

BUERAS – Lo tenés decidido.

DIANA – Sí.

BUERAS – ¿Y podrás?

DIANA – ¿Por qué no? He simulado cosas peores.

BUERAS – ¿Peores?

DIANA – Ya sabés lo de los orgasmos; que cuando estoy enojada con Carlos finjo no tenerlos. El tema es que necesito que él renueve el contrato de alquiler.

BUERAS – Querés que él lo pague.

DIANA – Exacto.

BUERAS – Y dejarlo en la calle.

DIANA – No necesariamente. Imagino que ahora tendría dónde ir. Además, siendo él el culpable, creo que merezco una indemnización ¿no te parece?

BUERAS – Podrían hablarlo.

DIANA – ¿Me estás aconsejando?

BUERAS – Sabés que no. Menciono una posibilidad.

DIANA – Odio los consejos.

BUERAS – Ya sé. Me refiero a una "alternativa".

DIANA – ¿Por qué defendés a Carlos ahora?

BUERAS – ¿Que yo defiendo a Carlos?

DIANA – Carlos es una persona débil, incapaz de tomar sus propias iniciativas; es como un inválido. Sabés que por eso me casé con él. Y él también lo sabe. Debería cuidarse de tener ciertas ambiciones…

BUERAS – ¿Ambiciones?

DIANA – De poder.

BUERAS – No entiendo.

DIANA – Es claro como el agua: pretende dominarme.

BUERAS – *(Irónico.)* Por lo de los dedos.

DIANA – Te burlás. Ahora me doy cuenta. Te ponés en contra mío.

BUERAS – No me pongo en contra ni a favor de nadie.

DIANA – ¿Ah no? ¿Y entonces por qué me sugerís que hable con él? ¿Qué tenés para ofrecerme? ¿Otra de tus salidas "saludables"? Prefiero mis métodos.

BUERAS – ¿Tus métodos?

DIANA – Se está por hacer la hora. Vos dejáme. Yo voy a conseguir lo que quiero. En tres semanas todo va a estar resuelto. Quizás antes.

BUERAS – ¿Qué es para vos que todo esté resuelto?

DIANA – Dinero, afecto, bienestar: como vos me enseñaste.

BUERAS – ¿"Yo" te enseñé?

DIANA – Supongo que el fin último de todo análisis es volvernos egoístas hasta la obscenidad.

BUERAS – Con vos hemos tenido brillantes resultados entonces.

DIANA – ¿Te pone orgulloso?

BUERAS – No. Me hace pensar que deberíamos interrumpir el tratamiento por un tiempo. *(Silencio.)* Estamos estancados. Y lo sabés: no es la primera vez que lo hablamos.

DIANA – ¿Y? ¿Cómo estancados? ¿Qué estancados? ¿Qué me importa si estamos estancados? Yo te pago por esto. Yo soy quien decide si vengo o dejo de venir.

BUERAS – No. No es así.

DIANA – ¿Ah no? ¿Qué, vos me llamaste a casa una vez y me dijiste: "Hola, Diana, creo que estás completamente neurótica, por qué no te das una vuelta por mi consultorio?" ¿Fue así? Yo no recuerdo, fijáte.

BUERAS – Creo que se está volviendo contraproducente. En un principio, el trabajo...

DIANA – Calláte ¿querés? No pago para oír tus maravillosas exposiciones. Hace rato que aclaramos el punto. Me tenés miedo. Hay algo terriblemente parecido entre vos y Carlos: los dos igual de miedosos, igual de pusilánimes.

BUERAS – Diana, no te pases.

DIANA – ¿Que no me pase de qué? Me quedan tres minutos de sesión. Además tengo claros ciertos artículos de nuestro contrato: mientras no rompa los ceniceros y el tapizado de los sillones puedo expresar lo que se me dé la gana.

BUERAS – El próximo miércoles va a ser nuestro último encuentro.

Pausa.

DIANA – ¡Cagón! ¡Eso sos! ¡Un cagón! ¡Un cobarde! ¡Un imbécil cobarde! ¡Un maricón!

Bueras le da un cachetazo. Diana se detiene en seco. Luego se echa a llorar. Diana sale. Bueras regresa al consultorio del Dr. A.

TRES

Consultorio del Dr. A.

DR. A – ¿Le pegó?

BUERAS – No pude evitarlo.

DR. A – Fascinante. Jamás me atrevería.

BUERAS – En rigor, no es un método habitual en mí.

DR. A – Imagino que continúan el tratamiento. Un episodio así debe demandar años sólo para resolver la relación transferencial.

BUERAS – Sí. Incluso me vi obligado a aumentar los honorarios.

DR. A – Es comprensible, claro… ¡Pero claro!; ahora entiendo…

BUERAS – ¿Qué cosa?

Ingresa Carlos y se acuesta en el diván del consultorio del Dr. A. Bueras se aleja.

CUATRO

Consultorio del Dr. A.

CARLOS – Tengo miedo. Diana no habla. Y tengo miedo. La desconozco. Ella, que es siempre la primera en hablar. Debe estar tramando algo… Para Diana es como un vicio. Es adicta a las intrigas. (Antes las compartíamos por lo menos, pero ahora… ese silencio…) Diana es terrible, doctor. Porque es capaz de cualquier cosa, siempre que sea inesperada. *(Pausa.)* Silencio… Creo que me puede llegar a volver loco. Nada se dice… Ninguno de los dos habla. Y la atmósfera va haciéndose cada vez más densa, más pesada, más sólida; y siento que algo va a estallar. Pero no puedo, no puedo hablar. Soy mentiroso por naturaleza, doctor, usted lo sabe. Decir la verdad me da pánico. Silencio. Silencio. Y más pasa el tiempo y más claramente siento que una realidad va cobrando forma, una realidad nueva, hecha de silencios, de miradas, de sospechas, de conjeturas. Diana va armando una realidad tan verdadera para ella como falsa para mí. Dos versiones que se van alejando cada vez más y cada vez es menos posible que coincidan. Dos mundos. Y no puedo adivinar cuál de los dos resultará más eficaz. Me obsesiona la idea y me da miedo. Un día… podría suceder cualquier cosa… Un día… podría cometerse un crimen. *(El Dr. A y Bueras se miran.)* ¡El silencio es terrible doctor!

¡Todo es posible en silencio! ¡Todo! ¡Como en la oscuridad!

El Dr. A inyecta a Carlos. Carlos se duerme.

BUERAS – *(Desde su consultorio. Por los métodos del Dr. A.)* ¿En serio usted usa estas cosas?

DR. A – Va a ver. Él está obsesionado con el tema del dinero.

BUERAS – No es para menos. Usted debe cobrar fortunas la sesión.

Carlos despierta en estado de euforia. Bueras observa desde su espacio.

CARLOS – ¡No quiero pagar la renovación del contrato del departamento! ¡Es mi dinero, doctor! ¡Faltan dos semanas y no sé qué hacer! ¡Yo... yo pago todo! Y estoy harto. Pagar, pagar, pagar, todo, el alquiler, la comida, su comida, sus salidas, su ropa, ¡su análisis! ¡Esa mujer me está consumiendo! ¡Me está matando! ¡Me ahoga! ¡Me enferma! ¡Me aniquila! ¿Qué puedo hacer, doctor?

DR. A – Asocie.

CARLOS – No sé. Me siento tan mal.

DR. A – Claro, siente celos.

CARLOS – ¿Celos?

DR. A – Del análisis de Diana.

CARLOS – No. ¿Por qué debería sentir celos?

DR. A – Es natural.

CARLOS – No. Es la plata. Yo pago todo. Quiero mi dinero.

DR. A – No es malo permitirse celar a alguien. Es un mecanismo esperable que pretende compensar la culpa.

CARLOS – ¿Qué culpa?

DR. A – Usted tiene una amante, Carlos. Es curioso que tenga que "recordárselo" continuamente.

CARLOS – ¿Una amante?

DR. A – ¿No la tiene?

CARLOS – No.

DR. A – ¿No?

Pausa.

CARLOS – Volvió a suceder, doctor. Volví a mentirle.

DR. A – ¿Cómo?

CARLOS – Mi amante... No es una mujer.

DR. A – Ajá.

CARLOS – Pero no se ilusione, doctor. No es ni por asomo la verdad última.

Carlos sale. La acción pasa al presente del Dr. A y Bueras.

CINCO

Consultorio del Dr. A.

BUERAS – Sí, eso lo supe hoy por Diana. ¿Pero en qué cambiaría las cosas?

DR. A – ¿Cómo que en qué cambiaría? Ese debió ser un golpe terrible para ella. Tratándose además de alguien tan paranoico como Diana.

BUERAS – ¿Qué paranoia, doctor?

DR. A – Y, alguien que fotocopia la agenda de su marido... Es clarísimo: el miedo de Carlos es mucho más tangible de lo que yo imaginaba. Hay ahí una cazadora más que una mujer.

BUERAS – ¿Qué cazadora, doctor? La pueden matar.

DR. A – No. Mi cliente sería incapaz...

BUERAS – ¿Mi qué?

DR. A – Que mi paciente sería incapaz...

BUERAS – ¿"Mi cliente"?

DR. A – ¿Qué?

BUERAS – Usted dijo "mi cliente".

DR. A – ¿Cuándo?

BUERAS – Recién.

DR. A – ¿Yo? No.

BUERAS – Sí. Dijo "cliente".

DR. A – Le digo que no.

BUERAS – Lo dijo. Yo lo oí.

DR. A – Qué, ¿pretende interpretarme ahora?

BUERAS – No, yo...

DR. A – Sí. Pretende interpretarme. Qué bien. Pretende insinuar que yo no me intereso por Carlos porque no lo veo como "paciente" sino como alguien que me "paga" ¿no?

BUERAS – Yo no insinúo nada ni quiero meterme con sus resistencias como analista. Y bien que las tiene.

DR. A – ¿Ah, sí? Yo podría interpretarle su interpretación si siquiera ¿sabe?

BUERAS – Yo no le hice ninguna interpretación.

DR. A – Muy agudo: "El secreto de una buena interpretación es que no lo parezca" ¿no?

BUERAS – Yo no lo interpreté nada. Usted es el que dice que yo lo interpreto. Así que lo debo estar interpretando nomás.

DR. A – ¿A mí? No, señor, usted no me interpretó; *yo* lo interpreté a usted en su intención de interpretarme. No cambie los términos.

BUERAS – ¿Que yo cambio los términos?

DR. A – Constantemente.

BUERAS – ¿De qué habla?

DR. A – De ahí ese ridículo temor suyo por su "cazadora".

BUERAS – Ridículo sería que Diana muriera mientras estamos aquí discutiendo y usted no hace nada.

DR. A – ¿Nada? Estoy tratando de que vea que su paciente tiene más motivos de matar al mío que el mío a la suya. ¡Admítalo! Usted mismo no hizo más que señalarme las evidencias.

BUERAS – Bueno doctor, está bien; si tanto le preocupa admito su interpretación como la correcta. Ahora le pido...

DR. A – No.

BUERAS – ¿Qué?

DR. A – No es correcta. Todavía no consigo entender por qué usted se empeña tanto en…

BUERAS – Doctor. Faltan cinco minutos.

DR. A – ¿Qué cinco minutos?

BUERAS – Para que ella llegue a su casa. *(Breve pausa.)* Le pido por favor…

Pausa.

DR. A – ¡Lo tengo! Sí. Lo tengo. ¡El suyo es el comportamiento sintomático! Claro. Usted asimiló su deseo de analista de curar con el sufrimiento de su paciente. Usted cree en toda esta fantasía del asesinato porque estando muerta, Diana ya no sufriría. ¿Lo ve? Es su deseo inconsciente de tener éxito como terapeuta que…

BUERAS – Basta, doctor.

DR. A – Déjeme terminar.

BUERAS – No. *(Un silencio.)* Aunque le suene como una locura. Se lo pido como un favor. De colega a colega.

DR. A – Se lo suplico. Estaría encantado, pero su historia no tiene más lógica que un sueño.

BUERAS – Sí, suena absurdo… pero es justamente el caso.

Grito de Diana en el consultorio de Bueras.

SEIS

Consultorio de Bueras. Diana llorando a mares. Un ojo amoratado.

BUERAS – ¿Y sabés quién es su amante? *(Diana niega.)* ¿Ni siquiera una sospecha de quién podría ser?

DIANA – Me… ahogo.

BUERAS – ¿Qué?

DIANA – Agua… Me ahogo…

BUERAS – ¿Te traigo agua? ¿Querés un vaso de agua?

Diana asiente. Bueras sale. Diana, con fría actitud manipula entre los objetos y adornos del consultorio. Bueras regresa con un vaso de agua.

BUERAS – Acá tenés.

Diana bebe.

DIANA – Gracias.

BUERAS – ¿Mejor? *(Diana asiente.)* ¿Cuándo te lo dijo?

DIANA – Fue recién. Hace un momento. Un poco antes de salir para acá. Empecé yo en realidad. Lo empecé a apretar con el tema del departamento. Falta una semana para que venza el contrato y él como si nada, así que le pregunté qué pensaba hacer. Se puso a tartamudear como un estúpido así que yo me enfurecí y empezamos a discutir. La situación se puso tensa, horrible.

DR. A – *(Desde su consultorio, a Bueras.)* Sí, también Carlos se refirió hoy a esa escena…

Carlos se ha acostado en el diván del consultorio del Dr. A.

CARLOS – Y bueno, se lo dije. Le dije que no quiero renovar el contrato. Le dije que no quiero vivir más con una policía.

DIANA – Me dijo que no quería vivir más con "una asquerosa policía"; así me dijo. Le contesté que prefiero ser una "asquerosa policía" antes que un cobarde cagón de mierda como él. Se puso como loco.

CARLOS – Me puse como loco. Le dije que yo por lo menos la respeto todavía y que no le ando revisando las cosas como ella a mí.

DIANA – ¡Me respeta! ¡El hijo de puta dijo que me respeta! ¡Hay que ser cara dura! *(A Carlos, quebrando la convención espacial.)* ¿Sabés qué? ¡Sos un mentiroso! ¡Un cobarde mentiroso!

CARLOS – ¿Yo?

DIANA – ¡Sí!

CARLOS – ¡No te permito!

DIANA – ¿No es cierto acaso?

CARLOS – No te metas con eso.

DIANA – Me meto todo lo que quiero.

CARLOS – No tenés derecho.

DIANA – ¿Por qué?

CARLOS – Lo estoy trabajando en análisis.

DIANA – ¿Y?

CARLOS – Es un asunto entre mi analista y yo. *(Al Dr. A.)* ¿No es cierto?

DIANA – ¿Y a mí qué me importa? ¡Miráme cuando te hablo! ¿Creés que yo no sé que me ocultás cosas?

CARLOS – Yo no te oculto nada.

DIANA – ¿No? Entonces no entiendo por qué te molesta tanto que te revise la agenda.

CARLOS – ¿Qué es lo que te oculto, eh? ¿A ver? ¡Decímelo ya que sabés tanto!

DIANA – ¿Pero qué te pensaste vos? ¿Que yo soy boluda? ¿Que me chupo el dedo? Traidor.

CARLOS – Si por lo menos supieras.

DIANA – ¿Supiera qué?

CARLOS – Chupar seguro que no.

DIANA – Esa te la chupa bien como a vos te gusta, ¿no?

CARLOS – ¡Pero oigan lo que tenemos en casa! ¡La reina de la deducción! *(Pausa.)* ¡Imbécil!

DIANA – *("Volviendo" a su sesión con Bueras.)* Me empezó a insultar. Me dijo de todo. De todo. Y se reía. Se reía y me seguía insultando. Yo creí que me volvía loca. Le pregunté qué era lo gracioso. *(A Carlos.)* ¿Qué es lo gracioso? *(A Bueras.)* Pero sólo me insultaba y se reía. Nunca lo vi reírse tanto, nunca lo vi tan… contento.

CARLOS – Entonces empezó a pegarme. A arañarme. A tirarme cosas.

DIANA – Le tiré un florero. Una maceta; un inalámbrico: quería lastimarlo… pero de verdad quería lastimarlo. Quería matarlo.

DR. A – *(A Bueras.)* ¿Ve?

BUERAS – *(Al Dr. A.)* ¡Sh!

DIANA – Cuando no daba más y me dejé caer en el piso llorando, entonces me lo dijo.

CARLOS – Entonces se lo dije.

Pausa.

DIANA – Quise responder algo.

CARLOS – Pero era la hora de salir para acá.

DIANA – Y se fue.

Carlos sale.

DIANA – ¡El muy asqueroso degenerado hijo de puta! ¡Por eso me metía los dedos en el culo! ¡Puto! ¡Puto de mierda! *(Llanto.)* Juan… Juan… Te quiero.

BUERAS – ¿Qué querés?

DIANA – A vos. Te quiero a vos, Juan.

Pausa.

BUERAS – Mirá, Diana, me parece…

DIANA – Sé que es una locura.

BUERAS – Diana, por favor.

DIANA – Dejáme decírtelo. Siempre estuve enamorada de vos. Pero más aún desde que me pegaste. Ahí me di cuenta de que había algo entre nosotros. Una pasión; loca, desmedida. Desde ese día no puedo dejar de pensar en tu boca, en tus labios, en tu piel. Yo sé que para vos es una situación delicada, pero si te gusto, si nos gustamos… Sé franco, Juan: decíme que te gusto…

BUERAS – Diana, ¿qué estás diciendo?

DIANA – Está bien, no hablemos. Tal vez… si volvieras a pegarme…

BUERAS – No, Diana.

DIANA – ¿Es que tengo que avergonzarme de ser mujer? Decímelo entonces: no valgo nada ¿no? Ahuyento a los hombres ¿verdad? ¿Es que no soy atractiva? ¿Ni siquiera un poco? ¿Soy desagradable? ¿Huelo mal? *(Pausa.)* ¿Querés que deje de fumar?

BUERAS – No... yo...

DIANA – Besáme, entonces.

BUERAS – ¡Diana, soltáme por favor!

DIANA – Decíme que me amás. Decíme que me amás y te suelto. Aunque no sea cierto. Necesito que me lo digas.

BUERAS – Diana, por supuesto que te quiero mucho, pero no... *(Beso.)* Te pido Diana por favor que no me obligues a... *(Beso.)* ¡No, Diana!

DIANA – Te calentás, ¿no? Decíme: ¿te caliento? Aunque no quieras saber nada conmigo, aunque no sientas nada por mí... decíme si te caliento. Al menos eso sí puedo conseguirlo ¿o no? Se lo voy a decir a Carlos; a ver cómo le cae. Le voy a decir que vos te calentás conmigo; que te gusto, que nos gustamos, que...

BUERAS – ¡No, Diana! ¡No hagas una estupidez!

DIANA – ¿Por qué no? ¿No tiene algo de cierto acaso?

BUERAS – ¡Pará, Diana!

DIANA – Además él se lo merece. Después de lo mal que me hizo sentir, se lo merece.

BUERAS – Lo vas a provocar.

DIANA – Es lo que quiero.

BUERAS – Podría hacerte algo.

DIANA – ¿Esa mariquita?

BUERAS – Diana, es una locura; es peligroso.

DIANA – No lo va a tolerar. Le va a estallar la cabeza.

BUERAS – ¿Qué conseguirías? Nada. Sólo vas a complicar más las cosas. ¡Ni siquiera te va a creer!

Diana toma un objeto. ·

DIANA – Le voy a mostrar esto. Le voy a decir que vos me lo regalaste. Y no va a dudar. Es perfecto.

BUERAS – ¡Diana, no! ¡Devolvéme eso! ¡Dame eso!

DIANA – Tengo derecho a vengarme ¿o no... mi amor?

Sale.

BUERAS – ¡Diana!

Bueras queda aturdido. Va al teléfono. Marca un número.

SIETE

Consultorio del Dr. A.

DR. A – Bueno ¿y por qué no llamó usted? *(Bueras lo mira desconcertado.)* A lo de Carlos. Para advertirle. ¿Por qué no llamó?

BUERAS – No. Hubiera sido peor.

DR. A – Usted... Usted me está ocultando algo. Usted... ¿Por qué está tan seguro?

BUERAS – Él es terrible. Si ella lo provoca de ese modo, él sería capaz de...

DR. A – No. Él no sería capaz. Carlos jamás podría cometer un asesinato. Lo conozco. Está patológicamente imposibilitado de tomar ningún tipo de iniciativa.

BUERAS – ¡Dios! ¡La hora! Está llegando. Llame... Por favor... Confíe en mí.

DR. A – ¡Es que sé que usted me está mintiendo!

BUERAS – Sólo hágalo salir de su casa. Invente una excusa. Sólo eso. *(De rodillas.)* Sólo eso le pido. Le conté todo... Todo. *(Suena el teléfono.)* Atienda.

DR. A – *(Atendiendo.)* Consultorio.

Carlos al teléfono, en su casa.

CARLOS – Hola, ¿doctor?

DR. A – ¿Carlos?

BUERAS – ¿Carlos? ¿Es Carlos? ¡No diga que estoy aquí! ¡No me mencione para nada!

CARLOS – ¡Doctor, doctor! ¡Qué cosa terrible!

DR. A – ¿Qué pasa, Carlos? ¿Se siente bien? ¿Está bien?

BUERAS – Qué.

Carlos llora.

DR. A – ¿Qué pasa?

BUERAS – ¿Qué pasó?

CARLOS – Es Diana.

DR. A – ¿Diana? ¿Qué... qué pasó con ella? ¿No llegó?

BUERAS – ¿Llegó?

CARLOS – Acabo de apuñalarla.

DR. A – ¡¿Que la qué?!

CARLOS – ¡La apuñalé! ¡La apuñalé! ¡Está en el piso! ¡Está tirada enfrente de mí!

DR. A – ¿La mató? ¿Pero cómo que la mató? ¿Cómo pudo? ¿Qué hizo? ¿Qué hizo Carlos? ¿Se volvió loco? ¿Está estúpido? ¿No se da cuenta de que matar a alguien es... es... criminal? ¡Ay, Dios mío! *(A Bueras.)* La mató.

BUERAS – ¡Imbécil! ¿Por qué no llamó? Se lo dije. ¿Por qué? ¡¿Por qué?!

CARLOS – ¡Doctor! ¡Ayúdeme!

DR. A – ¿Cómo que lo ayude? ¿Qué quiere que haga? ¡Llame a la policía! Nuestro contrato médico-paciente no tiene nada que ver con lo que usted acaba de hacer. Así que le pido que se tranquilice y llame a la policía que ahí le van a indicar los pasos a seguir. Yo ahora voy a colgar el teléfono, Carlos. ¿Me oyó? Voy a colgar. Y le pido que no vuelva a llamarme, porque me estoy yendo. Hace rato que debí haberme ido. Estoy colgando, Carlos. Adiós.

Lo está haciendo, pero Bueras se lo impide.

BUERAS – ¡No!

CARLOS – ¡Es que todavía no está muerta, doctor!

DR. A – ¿Cómo que no está muerta?

BUERAS – ¿No está muerta?

CARLOS – ¡Se está desangrando!

DR. A – *(Lívido, a Bueras.)* Se está desangrando.

CARLOS – Yo no quería. No sé qué hacer ahora. No sé qué hacer. ¡Ayúdeme, doctor, venga para acá, por favor le pido!

DR. A – ¿Ir? ¿Yo, ir? ¿Para qué voy a ir yo?

CARLOS – ¡No puedo hacer nada, doctor! ¡Estoy paralizado! ¡Necesito una de sus inyecciones!

DR. A – ¡No! ¡No puedo! ¡No puedo ir para allá! ¿Cómo voy a ir para allá? *(A Bueras.)* Quiere que vaya para allá.

CARLOS – Hay sangre por todos lados. Es horrible, doctor. Yo no quería. Le juro que no quería…

DR. A – *(A Bueras, débil.)* Parece que hay sangre por todos lados. Soy tan impresionable.

Se desmaya. Bueras toma el teléfono y escucha:

CARLOS – …no quería… ¡Nunca pensé que llegaría a sucederme algo así! No entiendo qué me pasó. ¡Estaba desesperado, doctor! *(Pausa.)* Yo… yo nunca fui sincero con usted, doctor. Y ahora que ya nada importa voy a decírselo…: Todo este tiempo… estuvo saliendo con… Juan Bueras, el analista de Diana. No sé, no sé qué le vi; es caprichoso, irritable, malcriado, egoísta… Pero nos enamoramos. No sabe cuánto nos enamoramos. ¡Y bueno! Usted tenía razón. Estaba celoso. Yo no podía tolerar que ellos se vieran y hablaran… hablaran de mí… cada miércoles, sistemáticamente ¡y que además yo pagara por eso! ¿Cómo podía tolerarlo? ¡Y es él el culpable! Él tenía que darle el alta. ¡Tenía la obligación! Como analista y como amante… Ahora es demasiado tarde. Él me llamó por teléfono hace un momento, al terminar su sesión con Diana. Me dijo que ella inventaría una historia inexistente: que ella y él tenían un romance. En ese momento comprendí. En ese momento comprendí todo: Yo era el engañado. No Diana. Yo. Ellos me estaban tomando el pelo. Comprendí todo en un segundo. El silencio. La impasibilidad de Diana. Todo lo entendí. Entonces le dije a Juan lo que haría. Que estaría esperando para matarla. Que yo terminaría con todo. Que yo reuniría las dos versiones. Y ahora... Diana está muriéndose...

BUERAS – Pero yo no te engañé. ¡No te mentí!

CARLOS – ¿Doctor?

BUERAS – Soy yo, mi amor. Soy yo. No es cierto. Yo nunca te mentí. Te quiero, Carlos. Creéme.

CARLOS – ¿Juan? ¿Sos vos, Juan? ¿Qué...? ¿Qué hacés ahí? ¿Dónde está el doctor? ¿Qué estás haciendo ahí?

BUERAS – Vine tratando de evitar que...

CARLOS – ¡Me mentiste!

BUERAS – ¡No es cierto!

CARLOS – ¡Todos me mintieron!

BUERAS – ¿Qué hiciste?

Pausa.

CARLOS – Es horrible...

BUERAS – La mataste.

CARLOS – No. Respira. *(Pausa.)* No quiero verte nunca más, Juan. Dame con el doctor.

BUERAS – Se desmayó.

CARLOS – ¿Cómo?

BUERAS – Es un idiota. Tu analista es... ¡Te estaba matando con esas jeringas!

CARLOS – Adiós, Juan.

BUERAS – ¿Qué vas a hacer?

CARLOS – No sé.

BUERAS – A mí también me estás matando... Te amo. Quise evitarlo. Yo quise evitar todo esto. Pero ¡no pude! ¡No pude! Sólo empeoré las cosas llamándote hoy.

CARLOS – Se me muere, Juan.

BUERAS – Hay que hacer algo. Hay que llamar a una ambulancia.

CARLOS – ¿Una ambulancia?

BUERAS – No sé. No. Hay que hacer algo.

CARLOS – Pero si sobrevive, se va a poner furiosa, vos viste cómo es. Va a denunciarme. Van a detenerme.

BUERAS – Él también lo sabe.

CARLOS – ¿Quién?

BUERAS – Tu analista.

CARLOS – ¿Y?

BUERAS – ¿Cómo "y"? ¡Es un cagón! ¡Te va a denunciar! ¡Aunque Diana muriese él te denunciaría! ¡Es un cobarde que se la pasa suplicando cosas, que te toma por un cliente!

CARLOS – ¿Cliente?

BUERAS – ¿Cómo pudiste decirle todo? ¿Cómo pudiste confiar en alguien tan...? ¡Te lo pedí!

CARLOS – ¿No es cierto, entonces? ¿No es cierto que vos y Diana tenían un romance?

BUERAS – ¡No!

CARLOS – ¡Pero se lo regalaste a ella!

BUERAS – ¿Qué cosa?

CARLOS – Sabías cómo me gustaba a mí.

BUERAS – Pero me lo robó.

CARLOS – A mí nunca me regalaste nada.

BUERAS – ¿Cómo, nada? ¿Y el peluche?

Silencio.

CARLOS – La voy a matar.

BUERAS – ¿Qué?

CARLOS – Voy a terminar de matarla.

BUERAS – ¿Y el doctor?

CARLOS – Lo mismo.

BUERAS – ¿Cómo lo mismo?

CARLOS – Hay que matarlo.

BUERAS – ¡Carlos!

CARLOS – ¡Vos me previniste de él! ¡Tenés que matarlo! ¿Qué otra cosa se puede hacer? ¿Qué querés? ¿Que me condenen? *(Pausa.)* Además, ¿quién lo sabría? ¿Quién sospecharía? *(Silencio.)* Juan.

BUERAS – ¿Qué?

CARLOS – Yo voy matar a Diana por lo mucho que te amo. Vos matá al doctor por lo mucho que me amás.

BUERAS – Sí, sí. Pero ¿cómo?

CARLOS – Con el teléfono. Va a ser lo mejor.

BUERAS – ¿Con el teléfono? ¿Qué hago con el teléfono?

CARLOS – Primero lo golpeás con el tubo en la cabeza por si recobra el conocimiento. Después le enrollás el cable al cuello. Una vuelta nada más. Tenés que apretar con firmeza. No te asustes. Cuando empieces a tirar va a volver en sí y se va a desesperar y va a hacer mucha fuerza por zafarse. No tenés que soltar ni aflojar ni nada. No tengas miedo. No hay que tener miedo. Yo estoy con vos. Siempre voy a estar con vos. *(Pausa.)* Yo termino con esto.

BUERAS – Tengo miedo.

CARLOS – Confiá en mí.

BUERAS – Pero ¿y después?

CARLOS – Nos vamos.

BUERAS – ¿Prófugos?

CARLOS – Pensálo como una luna de miel. *(Pausa.)* No hay alternativa, Juan.

BUERAS – Se mueve.

CARLOS – ¡Apuráte! ¡Vamos!

BUERAS – Ya voy. No cortes, por favor. ¡No cortes! ¡Te amo! *(Bueras al Dr. A, para darse coraje:)* ¡"Cliente"…! *(Lo asesina. Luego, al teléfono.)* Carlos… ¿estás ahí? ¿Qué hicimos? ¿Qué cosa terrible hicimos?

Diana, desde el ámbito de su casa, habla por otro teléfono.

DIANA – Hola, Juan.

BUERAS – ¿Diana?

DIANA – Sí.

BUERAS – ¿Y Carlos? ¿Qué le hiciste a Carlos?

DIANA – Tranquilo. Está acá, conmigo.

BUERAS – ¿Qué le hiciste?

CARLOS – Acá estoy, Juan. Acá estoy.

BUERAS – ¿Carlos? ¿Estás bien?

CARLOS – Sí.

BUERAS – ¿Qué pasó? *(Un silencio.)* ¿Qué pasó?

DIANA – Nada.

BUERAS – ¿Nada?

CARLOS – Perdónanos, Juan.

BUERAS – ¿Pero qué pasó, Carlos? ¿No era que se estaba desangrando… que ibas a terminar de matarla…? Que… *(Pausa.)* ¿No era cierto? *(Pausa.)* Carlos… ¿me mentiste?… ¿Me mintieron?

DIANA – No. Casi todo fue cierto.

BUERAS – ¿Qué cosa?

DIANA – Lo que te contamos. Lo único diferente fue el día.

BUERAS – ¿De qué estás hablando?

DIANA – No fue hoy que me enteré de todo como te hice pensar.

BUERAS – ¿Cómo que no fue hoy?

CARLOS – No. La discusión la tuvimos ayer.

DIANA – Aunque sí es cierto que peleamos como te conté.

CARLOS – Incluso que yo había decidido dejarla. Pero se lo dije, Juan.

BUERAS – ¿Qué cosa?

DIANA – Que vos eras el amante. Finalmente nos dijimos toda la verdad. Tenías razón cuando me aconsejabas eso de hablar las cosas con él. Sos un gran terapeuta, Juan. Creo que después de todo, estoy curada. Vuelvo a confiar en alguien. Vuelvo a confiar en Carlos. Y también Carlos cambió. Lástima que el doctor no esté ya con nosotros para disfrutarlo.

CARLOS – Sí, al principio fue muy duro hablar. Sabés lo que me cuesta decir la verdad. Pero lo hice: con Diana ayer; lo estoy haciendo con vos ahora. Es tan aliviador.

BUERAS – ¿Pero no te das cuenta de lo que hiciste, de lo que esa mujer te hizo hacer?

CARLOS – Ya te pedí que me perdonaras.

BUERAS – No voy a dejar que me abandones, Carlos. Tenés que venir conmigo.

DIANA – ¿No ves que no puede, Juan?

BUERAS – ¿Por qué?

DIANA – No es tu paciente.

BUERAS – Pero es mi vida.

DIANA – Vas a perderla entonces.

BUERAS – Estás enferma, Diana.

CARLOS – No le hables así, Juan.

BUERAS – ¡Simuló estar enamorada de mí!

DIANA – ¿Pensás que no fue cierto?

BUERAS – Me usaste.

DIANA – Claro, eso pensás. No sabés cuánto te amé, Juan. Ni cómo tuve que luchar contra eso.

BUERAS – ¿Haciéndome esto?

DIANA – Es que lo nuestro no podía ser. Tus golpes son deliciosos, pero lo único que íbamos a conseguir era lastimarnos. Me di cuenta de eso. Y de que necesitaba a Carlos; que lo necesito. Desesperadamente. Tuvo que pasar todo lo que pasó para que me diera cuenta. Para que nos diéramos cuenta. Ya no habrá más engaños ni mentiras. Esta fue la última. Y la más bella, porque me devolvió a mi Carlos. Y ya nada nos va a poder separar. Porque ahora sabemos que nos une una pasión. La de estar juntos. La de hacer… lo que sea… por estarlo. ¿Y sabés qué? Planear esto y hacer el amor fueron una misma cosa.

Es como vos siempre me decías. La sexualidad humana no tiene límites. Tampoco tu imaginación.

BUERAS – No. No podían saber todo. No podían saber que yo estaría aquí. Nadie lo sabía. No podían saber.

DIANA – ¿Cómo que no?: ¿en quién más confiaría un analista? *(Pausa.)* ¿Estás llorando?

BUERAS – Pero vos me amás a mí, Carlos, no a ella.

CARLOS – Son cosas diferentes, Juan. Amores diferentes. Lo que viví con vos fue maravilloso, no voy a negarlo, pero mi corazón eligió.

BUERAS – ¿Por qué? *(Pausa.)* ¿Por qué, Carlos? Yo...

CARLOS – ¿Qué?

BUERAS – Hice todo. Hice... lo imposible.

CARLOS – Demasiado quizá. Yo soy una persona inestable, Juan, y necesito alguien que me dé seguridad. No soportaría salir con un criminal.

BUERAS – ¿Criminal? ¿Yo? Si ustedes lo provocaron.

DIANA y CARLOS – Sí.

BUERAS – Yo les creí...

DIANA – Claro que creíste. Era necesario.

BUERAS – Entonces el doctor tenía razón: finalmente nada fue cierto... Fueron sólo mentiras. Fantasías.

DIANA – Sí, todo es tan frágil y tan extraño... Como la felicidad. Gracias, Juan; porque te la debemos.

CARLOS – Nunca vamos a olvidarte.

DIANA – Dios sabe que nosotros también estamos llorando.

FIN

MARTHA STUTZ

Martha Stutz se estrenó en el Teatro General San Martín (Sala Cunill Cabanellas) el 23 de mayo de 1997.

ELENCO

Conductor	Alejandro Urdapilleta
González	Horacio Roca
Ayudante 1	Carlos Kaspar
Ayudante 2	Rodolfo Prante
Mujer/Niña	Leticia Brédice
Suárez Zabala 1	Luis Campos
Suárez Zabala 2	Alejandro Awada
Pascuita	Felisa Yeni
Risler	Rita Cortese
Carmen	Norma Ibarra
Escenografía y vestuario	Oria Puppo
Iluminación	Alejandro Le Roux
Música	Edgardo Rudnitzky
Asistente de dirección	Fabián Barbosa
Dirección	Diego Kogan

Martha Stutz, recibió las siguientes distinciones:
Primer premio de la Ciudad Autónoma de Buenos Aires (ex Premio Municipal).
Primer premio Escritores Patagónicos.
Terna premio ACE a la mejor obra argentina.
Mención en el concurso de obras de teatro organizado por el CELCIT.

Un espacio vacío. Es un espacio escénico. A luz plena los personajes se sientan en bancos dispuestos en derredor de este espacio. Detrás de estos bancos, el público. Simultáneamente y por diferentes lugares ingresan González por un lado y el Conductor con sus Ayudantes por otro. El Conductor se dirige al encuentro con González. Se saludan con un respetuoso apretón de manos. Intercambian un par de palabras en tono de afectada cortesía. El Conductor presenta a sus Ayudantes a González. Estos se saludan con un gesto apenas. El Conductor le indica a González el lugar que debe ocupar: debería ser una silla que se distinga del resto de los bancos que ocupan los otros personajes. El Conductor se dirige hacia una especie de podio/escritorio que tiene encima varias carpetas y un pequeño velador. Los Ayudantes, que llevan sendas carpetas, permanecen de pié, muy dispuestos, cerca del Conductor.

El Ayudante 1, dando un paso al frente, enuncia en voz clara y potente:

AYUDANTE 1 – El dieciocho de noviembre de mil novecientos treinta y ocho, en horas de la tarde, una niña de nueve años llamada Martha Ofelia Stutz, salió de su casa en el Barrio San Martín de Ciudad de Córdoba para comprar tres revistas. *(Pausa.)* Jamás regresó.

AYUDANTE 2 – La desaparición de la menor dio lugar a uno de los más sensacionales procesos que hubo en la Argentina. *(Pausa.)* Por supuesto, el caso nunca fue dilucidado.

Los dos Ayudantes miran a la Mujer/Niña, una joven de aniñada e inquietante belleza, que está algo apartada del resto. No parece haber escuchado lo dicho hasta aquí. El Conductor hace una seña. Las luces se apagan bruscamente, quedando únicamente iluminada la Mujer/Niña, quien no modifica su actitud en lo más mínimo. El velador del Conductor se enciende.

CONDUCTOR – Los hechos.

La Mujer/Niña yergue la cabeza. Se pone de pie y extiende una mano. Permanece así un momento hasta que el Ayudante 1 capta el gesto y se acerca rápidamente. Pone un billete de utilería en su mano. La Mujer/Niña mira el billete y deja su mano extendida. El Ayudante, algo desorientado, duda un instante y luego hurga en su bolsillo y encuentra un par de monedas que deposita en la mano de la Mujer/Niña. Esta vuelve a mirar su mano y con el dedo índice de la otra cuenta lo que el billete y las monedas suman. Satisfecha, le sonríe al Ayudante y cierra el puño. Permanece inmóvil.

AYUDANTE 2 – Marthita salió de su casa luciendo un vestidito blanco con puños rojos y pollera a tablas y con un moño blanco en el cabello. *(El Ayudante 1 se ha acercado a la Mujer/Niña y ha ido señalando el vestido, los puños, la pollera y el moño a medida que el Ayudante 2 los mencionaba. El modelo de la joven responde a la descripción. El Ayudante 2 continúa.)* Medias tres cuartos blancas. Zapatos negros. *(El Ayudante 1 continúa señalando.)* Ropa interior blanca con un pequeño moño rosado en la parte delantera… *(El Ayudante 1 hace la vista gorda a este detalle y no hace ademán alguno. El Ayudante 2 se queda a la espera mirando al Ayudante 1. Luego de una pausa, insiste.)* Ropa interior blanca con un pequeño moño rosado en la parte delantera.

El Ayudante 1 mira al Conductor.

CONDUCTOR – *(Al Ayudante 2.)* Por favor.

El Ayudante 2 se adelanta hasta la joven. Levanta la pollera y descubre la ropa interior descripta. Señala incluso el moño rosado haciéndola girar de modo que el "público" la vea. La joven, dócil, se deja hacer.

AYUDANTE 2 – Ropa interior blanca con un pequeño moño rosado en la parte delantera.

Terminada la comprobación, el Ayudante 2 le baja la pollera y emprolija a la joven con delicadeza. El Ayudante 1 lee de su carpeta:

AYUDANTE 1 – La niña desaparecida había nacido en Ciudad de Córdoba el doce de abril de mil nueve veintinueve. Hija de Arnoldo Stutz, uruguayo, de treinta y dos años, y de Eudora Ofelia Ceballos, argentina, de veinticuatro. La menor cursaba el segundo grado en la escuela normal Alejandro Carbó, donde obtenía las mejores calificaciones.

El Ayudante 2 se pasea frente a los otros personajes con un boletín de calificaciones en la mano.

AYUDANTE 2 – Este es el boletín del año de su desaparición. Como podrán ver, el cuarto bimestre está sin completar.

AYUDANTE 1 – Cuando la menor salió de su casa se dirigía al quiosco del canillita Juan Cardozo en la Avenida Castro Barros. En su testimonio, el diariero manifestó que cuando la madre llegó preguntando por la niña, esta hacía ya rato que se había alejado de allí.

La Mujer/Niña ha llegado casi hasta un extremo del espacio. En ese instante aparece sorpresivamente delante de ella uno de los personajes con una gran máscara de conejo puesta. La joven pega un alarido de terror frente a lo inesperado del estímulo. El "conejo" desaparece tan pronto como apareció. Se produce un gran desorden. Gritos y risas. Los únicos que no participan del alboroto son González y el Conductor. Este, luego de un momento, intenta poner orden.

CONDUCTOR – ¡Silencio! *(Más risas. El Ayudante 1 se ha acercado a la joven que está de rodillas, aun asustada, y le da un protector abrazo.)* ¡Silencio! ¡Basta! *(Se restablece el silencio. Se dirige al conjunto de los personajes. Severo.)* Les pido por favor que tratemos de mantener un mínimo de orden. *(Se hace un profundo silencio.)* ¡Y basta de hacerse los graciosos! *(El Conductor hace una seña al Ayudante 2. Este hace una rápida pesquisa por el lugar, hasta dar con la máscara del conejo. Los personajes esquivan las miradas del Conductor y del Ayudante 2. Este le alcanza la máscara al Conductor quien la toma y la observa. Luego se la pone. Algunas risas irreprimibles. El Conductor se quita la máscara rápidamente. Silencio. Abre una de las carpetas que tiene en su pupitre.)* Los datos.

Los Ayudantes se aprestan a retomar el curso del relato. El Ayudante 2 se adelanta y lee:

AYUDANTE 2 – Nadie pudo darle a la madre de la niña ningún otro informe sobre su hija. Alarmada, recurrió junto a su esposo a la comisaría seccional y a la policía de investigaciones.

En ese momento, González deja escapar una risita. El Ayudante 2 lo mira, molesto. Luego mira al Conductor. El Ayudante 1 se adelanta:

AYUDANTE 1 – Conjeturas que barajó la policía cordobesa en la investigación: *(Nueva risa de González. Hay miradas de reojo entre los Ayudantes. Aun así intentan continuar. Lee.)* Uno: secuestro extorsivo y mafia...

González vuelve a reír. Esta vez, abiertamente. Ahora, el obstáculo es indisimulable. El Ayudante 2, visiblemente molesto, se dirige al Conductor.

AYUDANTE 2 – Perdón, ¿se dijo algo gracioso?

González – *(Poniéndose de pie, al Conductor.)* Perdónenme ustedes a mí... pero sí.

El Ayudante 2 se desconcierta. Se dirige a González.

AYUDANTE 2 – ¿Cómo dijo?

González – *(Al Conductor.)* No es que quiera interferir, pero creo que esa investigación...

AYUDANTE 2 – ¿Qué pasa con la investigación?

GONZÁLEZ – *(Se vuelve hacia el Ayudante 2.)* Creo no estar hablando con usted...

Se produce una tensa pausa. El Conductor se pone de pie y anuncia en voz alta para todos los personajes, con una gran sonrisa y señalando con ceremonioso gesto a González:

CONDUCTOR – Quiero presentarles a ustedes al señor Gustavo Gilberto González: ¡decano de los cronistas policiales! *(Pausa.)* El hombre que tuvo el extraño privilegio de seguir paso a paso y con su inspirada pluma las vicisitudes del caso.

González hace un leve saludo con la cabeza. Quizá hay un tímido y escasísimo aplauso de parte de algunos de los personajes.

AYUDANTE – ¿Seguimos?

CONDUCTOR – Parece que el señor González tiene algo para decir acerca de la investigación...

AYUDANTE – Estamos en los datos y en los hechos, no en las opiniones.

GONZÁLEZ – Bueno, creo que mi proximidad a esos datos y hechos que se mencionan...

AYUDANTE – No mencionamos ninguno.

GONZÁLEZ – Bueno, a los que mencionen.

AYUDANTE – Si no sabe cuáles son todavía.

GONZÁLEZ – *(Con una sonrisa de superioridad.)* ¿Qué? ¿La mafia cordobesa? ¿Proxenetismo? ¿Robo de niños? ¡Por favor! *(Pausa.)* La policía actuaba como desesperada bajo la presión del periodismo y la ansiedad del público que exigía castigar a los culpables; y así no hizo más que dar palazos de ciego... Si a eso se le puede llamar investigación...

AYUDANTE – *(Al Conductor.)* ¿Va a dejar que lo diga todo él?

El Conductor asume el papel de moderador.

CONDUCTOR – A ver, a ver, a ver... A ver si interpreto correctamente..: Aquí, el señor González, en tanto cronista del caso Martha Stutz, se consideraría a sí mismo... ¿una vicisitud del caso? ¿Sería ese el razonamiento? *(González asiente con orgullo. El Conductor, a los otros, por González.)* Bueno, debemos confesar que como idea no es nada descabellada; considerando además que hasta le fue concedida una entrevista sin testigos y en su celda con el principal sospechoso aún antes de que se dictase la sentencia del juicio.

GONZÁLEZ – Del fraude, querrá decir. *(El Conductor lo mira extrañado.)* Esos datos y hechos que se manejaron y en los que se basaron la investigación y el juicio, no fueron más que un fraude.

Pausa.

CONDUCTOR – ¿Un fraude?

GONZÁLEZ – De principio a fin. Algo muy en boga en aquellos días.

El Conductor pasea una interrogativa mirada por todos los personajes. Después de una pausa.

CONDUCTOR – Por lo visto, nadie de los aquí presentes tiene intención de desdecirlo.

GONZÁLEZ – ¿Quién lo haría?

La Mujer/Niña, que reingresara unos instantes atrás acompañada por el Ayudante 1, se adelanta por propia iniciativa como urgida a decir algo.

MUJER/NIÑA – Yo... *(Todos la miran. Silencio.)* Yo... soy Marthita Stutz, y... Yo... *(Silencio. Pareciera no poder enunciar lo que se propone y que únicamente le salen estas palabras.)* Yo soy Marthita Stutz, y...

Desconcertada y decepcionada por no haber podido decir más, retrocede hasta encontrar un asiento. A González se lo ve como perdido. Breve bache.

AYUDANTE 1 – *(A González, por lo bajo.)* Continúe.

GONZÁLEZ – ¡Un fraude escandaloso! La policía, haciendo un vergonzoso papel, hasta consultó videntes y fabricó sospechosos y culpables a fuerza de torturas. Y la inoperancia de un juez incompetente, el doctor Achával, hizo sufrir hasta lo indecible a un hombre decente y respetable, prolífico empresario e intachable padre y marido, queriéndole cargar con la responsabilidad de un crimen alevoso y bestial... *(El fervor de su alegato le hace sudar. Se detiene y se seca la frente con un pañuelo.)* Hace calor acá adentro... *(Guarda el pañuelo y hace una pausa.)* Dese cuenta... Dos inútiles años de cárcel para los sospechosos... Un intento de suicidio... Torturas... Todo para nada.

CONDUCTOR – ¿Nada?

GONZÁLEZ – ¿No lo sabe acaso? Ni siquiera hubo cuerpo del delito.

CONDUCTOR – ¿Y qué debería entenderse por eso?

GONZÁLEZ – Quiero decir que difícilmente algo de esto pueda prosperar.

Silencio. Se produce cierto clima de consternación general. Todos los personajes miran al Conductor.

AYUDANTE – ¿Entonces?

CONDUCTOR – No sé. Punto cero. *(Anuncia.)* La Nada.

AYUDANTE – Ante la total falta de pistas, el caso de la desaparición de la menor Martha Ofelia Stutz, queda, hasta nuevo aviso, cerrado.

Gesto del Conductor y brusco apagón.

Luego de una pausa, en el oscuro, alguien enciende un cigarrillo. Es La Risler, una prostituta sólida, contundente. Habla desde la oscuridad:

RISLER – Suárez Zabala. Para mí que en esto anda metido el Ingeniero Suárez Zabala. Lo conozco hace bastante y sé que le gustan las pibas. Hace una semana me lo encontré y me invitó a subir a su coche... *(Una luz pinta al personaje. Le está hablando a la Mujer/Niña. Fuera de ellas dos, todo es penumbras.)* ... pero no quiso nada conmigo.

Una voz de hombre se hace oír:

VOZ – Sos muy vieja.

Risitas. Pero la Risler continúa:

RISLER – Sos muy vieja, me dijo. *(Pausa.)* Puta que lo parió. *(A un Ayudante.)* ¿Estás anotando esto que digo? *(Silencio.)* Poné ahí que tengo treinta y cinco años.

La Voz del Hombre en penumbras vuelve a oírse:

VOZ – Si querés ganarte cien pesos conseguíme una de doce.

RISLER – *(Le habla a la Mujer/Niña.)* ¡Cien pesos por una de doce! Hay que ser miserable, la verdad. De doce no, pero de catorce sí te puedo conseguir, le dije.

Luz plena. El Ayudante 1 se adelanta y presenta con énfasis.

AYUDANTE 1 y 2 – ¡La Risler!

La señalan.

RISLER – ¿Me puedo ir ya?

CONDUCTOR – ¿Ya? No termina de empezar. ¿Cuál es el apuro?

RISLER – Ninguno. Todo esto me da asco. Nada más.

CONDUCTOR – No. No puede.

GONZÁLEZ – ¡Asco! ¡A ella! ¡Qué bueno!

Ríe divertido.

RISLER – ¿Qué te pasa a vos?

GONZÁLEZ – *(Al Conductor.)* Supongo que no irá a dejarse guiar por lo que diga esta mujer.

RISLER – *(A todos, señalándose.)* Lo que él quiere saber es si van a dejar guiarse por lo que diga una puta. *(Risas.)* ¡Aia! ¡Dijo puta!… Qué manga de tarados…

GONZÁLEZ – Ustedes la oyeron. No lo dije yo.

RISLER – No, claro que no lo dijiste, González. Vos elegís muy bien lo que nombrás y lo que no nombrás. Te conozco, González. *(Mira a todos.)* Los conozco a todos. *(Pausa. A González.)* ¿O vas a negar delante de toda esta gente que me conocés?

Pausa. González se dirige al Conductor.

GONZÁLEZ – Por supuesto que la conozco. Como se conoce cualquier episodio público. Esta mujer está prontuariada. Aunque eso es lo de menos. Lo que creo que todos sí deberían conocer es el hecho de que también recayeron sospechas sobre "cierta mujer rubia" con la que vieron por última vez a la niña tal como señalaran algunos testigos.

RISLER – Una mujer rubia, claro. Una apreciación de lo más detallada. ¿Me acusás porque nombré a… tu amiguito?

GONZÁLEZ – ¿Qué amiguito?

RISLER – Tu juego es asqueroso, querido. Te prefiero jugando al "salchicha-salchichón".

GONZÁLEZ – ¿Qué?

RISLER – ¿Quieren que les cuente como es? Él lo inventó; hay que ver lo creativo que es para algunas cosas…

CONDUCTOR – Risler…

RISLER – ¿No quieren un testimonio? Este es bastante divertido. Oigan…: Se empieza con este dedo…

GONZÁLEZ – ¡No le permito! ¡No voy a permitir que una…!

RISLER – Momentito, González. Una cosa es dejar que me insultes cuando pagás, y otra es aguantarte gratis.

CONDUCTOR – ¡Risler!

RISLER – ¿Qué pasa?

CONDUCTOR – Basta.

RISLER – Él empezó.

CONDUCTOR – Basta. *(Una pausa.)* Y por favor…

Le señala el centro del ámbito.

RISLER – Por favor nada. *(Levantándose.)* Me voy.

Se dispone verdaderamente a marcharse. Breve desconcierto de parte del Conductor y los Ayudantes.

AYUDANTE 1 – *(A la Risler.)* ¡No puede!

RISLER – ¿Quieren ver?

AYUDANTE 1 – *(Al Conductor.)* No puede. Es la única pista.

La Risler, desde un borde del espacio escénico observa. El Ayudante 1 mira suplicante al Conductor. Este decide rápidamente. Con un gesto hace que el Ayudante 1 se acerque a él, le da algo y le susurra brevemente al oído. El Ayudante 1 corre hasta la Risler y hace otro tanto. La Risler observa lo que el Ayudante 1 le da (algunos billetes de utilería). Los cuenta. Luego mira al Conductor. Finalmente:

RISLER – ¿Qué tengo que hacer?

Los Ayudantes respiran aliviados. El Conductor hace una seña y la luz cambia.

CONDUCTOR – Las presunciones.

La Risler está sentada en una silla. Los dos Ayudantes se colocan frente a ella. La Risler les habla en tono confidencial.

RISLER – Ayer, una de las chicas que trabaja en uno de los departamentos de la calle San Martín, me contó que escuchó una conversación entre el Ingeniero Suárez y otras personas en la que estaban poniéndose de acuerdo para hacer desaparecer un cuerpo.

AYUDANTE 1 – Le preguntan…

AYUDANTE – *(Leyendo.)* ¿Quién es esa chica? ¿Por qué no nos lo cuenta ella?

RISLER – *(Al Conductor.)* No puede. Tiene catorce años.

AYUDANTE – Una menor.

CONDUCTOR – Otra menor.

De pronto la Mujer/Niña alza la cabeza.

MUJER/NIÑA – ¿Yo? *(El Conductor duda un momento y luego, arriesgando, asiente. El Ayudante 2 sonríe ante la propuesta. Se acerca a la Mujer/Niña, le pone un cigarrillo en la boca y se lo enciende. La Mujer/Niña inhala y comienza a toser. Luego se toma una pausa y habla mirando a la Risler con una vocecita dulce y frágil.)* Anteayer yo estaba limpiando una de las piezas del "departamento" y tenía la puerta abierta. Oí voces en el pasillo… bueno, no es un pasillo, en realidad es un hallcito muy chiquito donde hay un armario y una mesita de cristal. Bueno, yo estaba limpiando y oí la voz del Ingeniero. Tiene una voz grave muy linda. Todas las que trabajamos por acá lo conocemos al Ingeniero. Y lo queremos. Es muy gentil, muy... A veces pide permiso para sacarnos fotos. Le pide permiso a la dueña; para sacarnos fotos a las chicas. Bueno, y a mí nunca me habían sacado fotos antes. Dos veces me sacó. A mí, quiero decir. Dos veces me sacó fotos. Y hasta me regaló la copia de una. Bueno, el Ingeniero anteayer estaba hablando con alguien en el hallcito ese. Hablaban muy bajito, pero yo los escuché. Y decía de una chica, del cuerpo de una chica, que no sabía qué hacer. Si lo podían ayudar. Si lo podían ayudar a hacer algo con el cuerpo. El cuerpo, el cuerpo, decía todo el tiempo. Dijo algo de plata también. Y yo escuchaba y me hubiera gustado decirle que yo quería ayudarlo. Que si pudiera... Pero no está bien meterse en los problemas de los clientes. Así me enseñaron. Así que no dije nada. Y me di cuenta de que era algo serio porque, primero no estaba muy segura, pero después sí... Sí: se puso a llorar... Y lo deben haber dejado solo porque no se oía nada. Que lloraba nada más. A mí me dio lástima. Espero que el Ingeniero haya podido arreglar eso del cuerpo.

Silencio. La Mujer/Niña mira al Conductor.

CONDUCTOR – Muchas gracias.

La Mujer/Niña sale. El Conductor hace una seña al Ayudante 1 quien se adelanta y anuncia:

AYUDANTE 1 – Antonio Suárez Zabala, Ingeniero agrónomo, representante de los laboratorios Geniol en Córdoba, es arrestado. (El Ayudante 2 hace adelantar a Suárez Zabala 1 encapuchado. Viste traje. No pierde, por ahora, su dignidad. Cuando lo ha llevado al centro del espacio, le quita la capucha. Suárez mira hacia uno y otro lado. Con la mirada encuentra a Pascuita. Es una mujer quizá de bellos *rasgos, pero afeada por su voluntad de parecer mayor. Es morocha y viste sobriamente. Está ahora con las manos entrelazadas, tensa y alerta, aunque sin perder compostura.)* Reconocimiento de las testigos.

La Risler y la Mujer/Niña observan desde sus lugares a Suárez. Se miran entre ellas.

RISLER – Es él.

SUÁREZ ZABALA 1 – *(Muy tranquilo.)* Yo a esa mujer no la conozco.

RISLER – ¿No reconocés a tu Reina de Corazones?

SUÁREZ ZABALA 1 – No conozco a ninguna Reina.

RISLER – Qué curioso. Nadie me conoce. Debo ser invisible.

AYUDANTE 1 – *(A la Mujer/Niña.)* ¿Usted?

MUJER/NIÑA – Sí. Es él.

Pero señala a otro hombre que está sentado en su banco. Sabremos en un momento que se trata de Suárez Zabala 2. Desconcertado, el Ayudante 1 corrobora, señalando a Suárez 1.

AYUDANTE 1 – ¿Él?

MUJER/NIÑA – *(Volviendo a señalar a Suárez Zabala 2.)* Sí.

El Ayudante 1 mira al Conductor. Silencio.

CONDUCTOR – Continúe. *(Silencio.)* ¿Qué pasa?

AYUDANTE 1 – Es que... Quiero decir... No puede haber dos Ingenieros...

CONDUCTOR – ¿Por qué no?

AYUDANTE 1 – Porque... no existen.

CONDUCTOR – ¿Existir?

AYUDANTE 1 – Bueno, quiero decir que en realidad no existen.

CONDUCTOR – En realidad todo esto es puramente protocolar. En ese sentido el detalle es irrelevante. Además, no fue idea mía.

Señala a la Mujer/Niña. El Ayudante 1 la mira. Luego mira a los dos Suárez. Resignado, anuncia:

AYUDANTE 1 – Las testigos reconocen en el Ingeniero Antonio Suárez Zabala, al principal sospechoso en el caso Marthita Stutz.

Inesperadamente Pascuita interviene.

PASCUITA – Mi marido es inocente.

CONDUCTOR – ¿Señora…?

PASCUITA – Pascuita Henry de Suárez Zabala. Estoy casada con Antonio desde hace nueve años y puedo dar fe de que mi marido es inocente, que se ha cometido un error imperdonable, un atropello, y fundamentalmente, una deslealtad para con quien es un hombre trabajador, amantísimo esposo y padre ejemplar de dos hijos maravillosos, sanos y encantadores… *(Muestra una fotografía.)* Mis tesoros.

CONDUCTOR – Perdón. ¿Inocente de qué?

PASCUITA – ¿Cómo que de qué? De lo que se le acusa.

CONDUCTOR – En primer lugar no se lo acusa sino que se lo sospecha. Y en segundo término, nadie ha dicho aún de qué.

PASCUITA – Bueno, quiero decir.. que mi marido es inocente… de lo que sea.

La Risler ríe.

SUÁREZ ZABALA 1 – Pascuita, por favor.

PASCUITA – Ni siquiera conoce a esas mujeres.

Suárez Zabala 2 interviene. Es quizá más joven que Suárez 1.

SUÁREZ ZABALA 2 – No es cierto. *(Todos lo miran.)* Las conozco.

PASCUITA – ¡Antonio!

CONDUCTOR – *(Al Ayudante 1.)* ¿Se da cuenta?

Hace una seña y sólo queda iluminado un sector de la escena donde está situado Suárez Zabala 1. El Ayudante 2 se adelanta:

AYUDANTE – Suárez Zabala se presume inocente.

Se aparta de la zona iluminada. Únicamente quedan visibles Suárez Zabala 1 y el Conductor.

CONDUCTOR – De modo que usted no lo hizo.

SUÁREZ ZABALA 1 – No.

CONDUCTOR – ¿Por qué?

SUÁREZ ZABALA 1 – No sabía que había que tener motivaciones para no ser el autor de un hecho.

CONDUCTOR – De hecho todo sería mucho más sencillo si usted fuese culpable.

SUÁREZ ZABALA 1 – ¿Sencillo para quién?

CONDUCTOR – Para nadie en particular. Sería más sencillo y punto. *(Pausa.)* No me entiende. *(Pausa.)* Se lo voy a decir yo entonces. Le voy a decir por qué no lo hizo. Usted no lo hizo porque usted es un hombre respetable y trabajador. Un hombre que está del lado de acá de ese lugar en donde se le hacen ciertas cosas a ciertas niñas. Porque usted no ignorará que ese lugar existe. ¿No es cierto? *(Pausa.)* Bueno, eso a mí no me dice nada. ¿A usted?

SUÁREZ ZABALA 1 – Creo que esta conversación no tiene demasiado sentido.

CONDUCTOR – Sus argumentos tampoco.

SUÁREZ ZABALA 1 – ¿Qué argumentos?

CONDUCTOR – Los que acabo de mencionar.

SUÁREZ ZABALA 1 – Esos no son mis argumentos.

CONDUCTOR – ¿Cuáles son entonces?

SUÁREZ ZABALA 1 – Yo soy inocente. No tengo por qué responder a este absurdo interrogatorio.

CONDUCTOR – ¡Y vuelve a lo mismo!: Inocente.

SUÁREZ ZABALA 1 – Le suplico que terminemos con esto.

CONDUCTOR – No se ponga así, por favor. Trato de conversar, nada más. Una conversación amable entre dos personas razonables. Porque usted es una persona razonable ¿o no?

SUÁREZ ZABALA 1 – Usted lo dice.

CONDUCTOR – Y una persona razonable sería incapaz de hacerle nada a una indefensa niña de nueve años. En una palabra: usted no lo hizo por una única y fundamental causa: porque usted es el Ingeniero Antonio Suárez Zabala.

SUÁREZ ZABALA 1 – ¿Pero qué es esto?

CONDUCTOR – Una razón única y contundente: un buen nombre.

SUÁREZ ZABALA 1 – No entiendo qué es lo que quiere probar. Ni siquiera es gracioso.

CONDUCTOR – Quiero entender por qué no lo hizo.

SUÁREZ ZABALA 1 – No hay nada que entender.

CONDUCTOR – ¿Cómo nada? Usted no me facilita las cosas, Suárez. ¿Puedo decirle Suárez?

SUÁREZ ZABALA 1 – ¿Hasta dónde quiere llegar?

CONDUCTOR – Hasta donde pueda.

SUÁREZ ZABALA 1 – ¡No tengo por qué aguantar esto!

CONDUCTOR – No hay alternativa.

SUÁREZ ZABALA 1 – ¿Por qué no la termina?

CONDUCTOR – Cómo no. Dígame por qué no lo hizo.

SUÁREZ ZABALA 1 – ¡Me niego a responder a esa estúpida pregunta!

CONDUCTOR – Sí, claro, puede no responderla, es cierto. Pero tiene que saber la respuesta.

SUÁREZ ZABALA 1 – ¿Por qué?

CONDUCTOR – Porque si no sabe por qué no lo hizo podría volver a hacerlo.

SUÁREZ ZABALA 1 – ¡Pero si yo no hice nada! ¡Nada!

CONDUCTOR – ¿Por qué?

SUÁREZ ZABALA 1 – ¡No sé! ¡No lo pensé!

CONDUCTOR – Alguna vez hay que pensarlo. Una vez aunque sea. Y sobre todo antes de que sea demasiado tarde.

SUÁREZ ZABALA 1 – ¿Demasiado tarde para qué?

CONDUCTOR – Para arrepentirse.

SUÁREZ ZABALA 1 – Usted me está acusando. ¡Usted da por sentado que yo lo hice!

CONDUCTOR – Zabala: usted me confunde. ¿Usted es inocente o quiere solamente que todos lo pensemos?

SUÁREZ ZABALA 1 – La verdad es una sola.

CONDUCTOR – Sí, y se llama Marthita Stutz.

SUÁREZ ZABALA 1 – Yo no conozco a esa chica. Nunca la vi.

CONDUCTOR – Verla no lo convierte en un criminal.

SUÁREZ ZABALA 1 – Muy bien. Muy bien. Supongamos que yo lo hice. Supongamos que yo la asesiné.

CONDUCTOR – ¿Fue asesinada?

SUÁREZ ZABALA 1 – ¿Y qué sino?

CONDUCTOR – No sé. Usted mencionó la palabra por eso le pregunto.

SUÁREZ ZABALA 1 – Pero si usted presume que yo lo hice.

CONDUCTOR – Nunca dije qué.

SUÁREZ ZABALA 1 – Yo no fui. Yo no. ¿Por qué lo habría hecho? Dígamelo ya que sabe tanto de mí. No tengo ni tuve nunca motivos para matar a esa chica ni a nadie.

Pausa.

CONDUCTOR – Por qué: ¿usted cree que pueden existir motivos para asesinar a una chica de nueve años? Es decir, que pueda existir algo que de algún modo lo justifique.

SUÁREZ ZABALA 1 – No.

CONDUCTOR – ¿Entonces por qué la mataron?

SUÁREZ ZABALA 1 – Quién sabe si la mataron.

CONDUCTOR – Pero fue usted hace un momento el que sugirió la teoría del asesinato. Ahora la niega. ¿Quién lo entiende?

SUÁREZ ZABALA 1 – Yo soy inocente.

CONDUCTOR – No estamos hablando de eso.

SUÁREZ ZABALA 1 – Usted quiere confundirme.

CONDUCTOR – ¡No! ¡Usted me confunde a mí! ¡Usted nos confunde a todos! No haber asesinado a una chica no convierte a nadie en inocente. Usted habla de inocencia y usted habla de asesinato. En lo que se refiere a este caso puede haber certeza acerca de cualquier cosa menos sobre inocencia y asesinato porque la chica no está. Y son las únicas dos cosas que usted no para de mencionar.

SUÁREZ ZABALA 1 – ¿De qué estamos hablando entonces?

CONDUCTOR – De hechos.

SUÁREZ ZABALA 1 – ¿Cuáles?

CONDUCTOR – No sé. Que usted fue arrestado, por ejemplo.

SUÁREZ ZABALA 1 – Eso no significa nada.

CONDUCTOR – Quizá poco, pero nunca nada. La que sí no significa nada es Marthita. *(Pausa.)* ¿Dónde está?

SUÁREZ ZABALA 1 – Basta, por favor.

CONDUCTOR – ¿Dónde está Marthita?

SUÁREZ ZABALA 1 – Debe estar muerta. Todos lo dicen.

CONDUCTOR – ¿Y qué importancia puede tener eso? Va a llegar el día en que todos estemos muertos. ¿Pero dónde?

SUÁREZ ZABALA 1 – ¡No sé!

Suárez Zabala está verdaderamente abatido y extenuado. El Conductor se relaja un poco. Lo observa. Se dirige al Ayudante 1.

CONDUCTOR – Un vaso de agua para el Ingeniero, por favor.

El Ayudante 1 obedece. Suárez Zabala bebe. Sumiso, al Conductor:

SUÁREZ ZABALA 1 – ¿Ya está?

El Conductor asiente levemente. Suárez Zabala 1 se levanta del asiento que ocupara durante la escena precedente. En ese instante el Conductor hace una rápida señal y la luz cambia bruscamente.

Penumbra plateada, lunar. Suárez se desorienta y deambula como quien intenta reencontrar infructuosamente su camino. A una indicación del Conductor el Ayudante 2 enuncia:

AYUDANTE – El día dieciocho de noviembre de mil novecientos treinta y ocho. El día de la desaparición de la menor. Pasada la medianoche.

SUÁREZ ZABALA 1 – *(Desconcertado por el cambio de luz.)* ¿Qué está pasando?

AYUDANTE – Dos testigos, uno de ellos sacerdote, afirman haber visto al Ingeniero entrando a una farmacia.

SUÁREZ ZABALA 1 – *(Intentando ver algo en la penumbra.)* Quiero volver a mi asiento.

AYUDANTE – El otro, el propio farmacéutico, declara que el sospechoso ingresó a su comercio para adquirir dos paquetes de gasas.

SUÁREZ ZABALA 1 – ¿Gasas? No... ¡Mienten! Yo... Bueno... creo que sí, es posible... No sé si fue esa misma noche... quiero decir la noche en que... *(Se quiebra.)* Ay, Dios mío, yo no sé... Tengo miedo. No sé qué decir. ¡Tengo tanto miedo...! Quiero... Quiero volver a mi asiento...

Se echa a llorar. Un momento después se oye la imperativa voz de Pascuita.

PASCUITA – ¡Bueno, suficiente! ¡Enciendan las luces! *(Breve pausa. Pascuita insiste con furia.)* ¡¿Pero quién está a cargo de esto?! ¡¡Que enciendan las luces dije!! *(Luz plena. Pascuita está de pié, como un animal acechando, los labios tensos, los rasgos algo desencajados. El Conductor la mira.)* Gracias. *(Mira a su marido. Seca.)* Ahí tenés tu asiento. *(Suárez se sienta. Pascuita se afloja un poco. Intenta sonreír. Se arregla el peinado. Ahora, sumamente diplomática.)* Disculpen... Pero es que Antonio le tiene pánico a la oscuridad.

Vuelve a mirar al Conductor. Este, le hace una seña de que espere, mientras el Ayudante 1 anuncia:

AYUDANTE 1 – Coartada.

Le indica a Pascuita con un gesto que puede continuar. Esta se desenvuelve ahora como si estuviese en su propia casa. Su tono es tan seguro y relajado que hace ostensible la falsedad de su testimonio:

PASCUITA – Bueno, yo puedo explicar todo este barullo de la farmacia. Antonio es un hombre muy impresionable y nervioso. *(Ríe.)* Creo que lo acaban de comprobar ustedes mismos. Además, muchas veces tiene faltas de memoria por esa misma causa; pero si me hubieran permitido ayudarle a recordar, como suelo hacerlo en casa, todo hubiera quedado aclarado de inmediato. *(Pausa.)* Como cuando no encuentra el tabaco. *(Suárez Zabala 2 enciende una pipa.)* No hay vez que recuerde dónde lo dejó. Entonces yo le ayudo a reconstruir paso a paso de adelante hacia atrás cada cosa que hizo y así él mismo recuerda, sin error posible, dónde había dejado su bendito tabaco. *(Hace una pausa. Enfatizando.)* Hace diecinueve años que estamos casados y puedo asegurar que es un modelo de hombre. No bebe, no juega, jamás ha trasnochado... ¡y mienten quienes dicen que tiene otra casa en Buenos Aires! Cuando va a la Capital siempre lo hace en mi compañía y nos alojamos en hoteles. *(Vuelve a su tono tranquilo y casual.)* Insisten en el detalle de que adquirió gasas y afirman que las necesitaba para la menor violada. El sábado dieciocho estuvo en la farmacia, claro que sí. Pero fue en busca de esos elementos para mí. He sido operada el trece de noviembre y cuando fue a la farmacia yo todavía estaba en cama y debía hacerme curaciones.

Suárez Zabala 2, sin moverse de su lugar.

SUÁREZ ZABALA 2 – ¿Por qué mentiste? *(Pascuita lo mira.)* Pascuita.

PASCUITA – *(Por la pipa.)* ¿Podés apagar eso? Sabés que no lo puedo soportar.

SUÁREZ ZABALA 2 – ¿Por qué mentiste?

PASCUITA – Quiero que esto termine lo antes posible. *(Pausa.)* Hay una sola cosa que quiero preguntarte, Antonio... ¿Es cierto?

SUÁREZ ZABALA 2 – ¿Qué cosa?

PASCUITA – Lo de Buenos Aires. ¿Es verdad que tenés otra casa ahí?

SUÁREZ ZABALA 2 – No.

PASCUITA – Claro, qué otra cosa vas a decirme. *Silencio.*

SUÁREZ ZABALA 2 – Pascuita. Lo de la chica...

PASCUITA – Prefiero no hablar del asunto. Cuanto menos enterada esté yo, mejor para vos. Y para mí también.

SUÁREZ ZABALA 2 – Estoy en un lío, Pascuita.

PASCUITA – *(Ríe.)* ¿Lío le decís? *(Suárez Zabala se acerca a ella.)* ¡No me toques! Voy a hacer lo imposible por salvarte. Y te voy a salvar. Pero esto... ni sueñes con salvarlo.

SUÁREZ ZABALA 2 – ¿Salvarme? ¿Pensás que te creyeron? ¿Que no van a averiguar que no fuiste operada de nada? *(Pascuita hace una pausa. Lo mira. Luego se desabrocha el vestido. Le muestra. Suárez Zabala se horroriza.)* ¿Qué es eso?

PASCUITA – Tu única coartada, Antonio. Me lo hicieron hace dos días. Ya no voy a poder tener más hijos.

En ese momento González deja su asiento e interrumpe la escena, encaminándose hacia el Conductor, visiblemente disgustado:

GONZÁLEZ – ¿Puede saberse qué le da derecho a hacer semejante cosa?

Los Ayudantes, a modo de guardaespaldas, dan un paso hacia González. El Conductor los hace detener con un gesto de su mano.

CONDUCTOR – ¿Qué cosa?

GONZÁLEZ – Plantear este tipo de...

CONDUCTOR – Hipótesis.

GONZÁLEZ – Lo que fuera.

CONDUCTOR – ¿Por qué no?

GONZÁLEZ – Porque es ofensivo... y completamente falso. Usted no sabe qué fue lo que sucedió.

CONDUCTOR – ¿Usted sí?

Pausa.

GONZÁLEZ – No me provoque. Usted supone cosas...

CONDUCTOR – Lo mismo que todos. Lo mismo que cualquiera.

GONZÁLEZ – El Ingeniero Suárez Zabala no es cualquiera.

CONDUCTOR – Justamente. Está en el centro de la cuestión.

GONZÁLEZ – Lo pusieron allí.

CONDUCTOR – ¿Quién?

GONZÁLEZ – Todo el mundo: La gente. La prensa. La justicia.

CONDUCTOR – Sí, se convirtió en la estrella del caso.

GONZÁLEZ – Habla como si la situación del Ingeniero fuese envidiable.

CONDUCTOR – Todo protagonismo es envidiable. Aún el peor.

GONZÁLEZ – ¿Sabe qué? Usted es un charlatán.

CONDUCTOR – Claro. ¿Qué otra cosa somos? De vez en cuando, sólo de vez en cuando, sucede verdaderamente algo. Todo lo demás son palabras, palabras, que giran alrededor de ese algo. Eso no tiene remedio.

GONZÁLEZ – Sí. Callarse la boca.

CONDUCTOR – Pruebe.

Un silencio.

GONZÁLEZ – ¿Qué busca usted?

CONDUCTOR – A Martha Stutz.

GONZÁLEZ – ¿Y cree que la va a encontrar?

CONDUCTOR – Por lo menos ya sé quién la tapa. Quién ocupó su lugar. Quién se puso en el centro de la cuestión.

GONZÁLEZ – El Ingeniero, me imagino…

CONDUCTOR – Claro: si hasta intentó suicidarse en su celda.

GONZÁLEZ – Antonio estaba desesperado. ¿Sabe lo que significa ser noticia de todos los diarios durante meses? ¿Que se hagan correr los rumores más horribles sobre usted y los suyos? ¿Que para tachar a alguno de depravado se le diga "Sos un Suárez Zabala"? ¿Quién puede vivir con eso?

CONDUCTOR – Exacto. Usted lo está diciendo. Ocupó el lugar de la víctima.

GONZÁLEZ – Porque *es* la víctima.

CONDUCTOR – ¡No! ¡Martha Stutz es la víctima!

GONZÁLEZ – ¿Y Suárez no?

El Conductor se detiene un segundo. Sereno:

CONDUCTOR – Está bien. Como usted quiera. Sigo su razonamiento: si un Suárez Zabala ocupa el lugar de la víctima, faltaría entonces ver quién está dispuesto a ponerse en el lugar del criminal.

GONZÁLEZ – ¿Cómo?

CONDUCTOR – *(Invitándolo con un gesto.)* Si gusta…

GONZÁLEZ – Usted simplifica las cosas de un modo insultante.

CONDUCTOR – Todos necesitamos que alguien ocupe esos lugares.

GONZÁLEZ – ¿Para?

CONDUCTOR – Para no ocuparlos nosotros.

GONZÁLEZ – Según usted ni siquiera hay que buscar al verdadero culpable entonces.

CONDUCTOR – Tal vez alguien no pueda resistir la tentación de serlo.

GONZÁLEZ – ¿Y eso nos deja tranquilos?

CONDUCTOR – No. ¿Pero qué no haríamos por ser inocentes un día más?

GONZÁLEZ – ¿Caiga quien caiga? Eso se llama venganza.

CONDUCTOR – No. Justamente a eso llaman justicia.

GONZÁLEZ – Una justicia victimaria.

CONDUCTOR – Hoy por hoy…

GONZÁLEZ – ¿Y por qué el Ingeniero?

CONDUCTOR – Porque es perfecto. Quién mejor que él para inspirarnos piedad.

GONZÁLEZ – ¿Y eso qué tiene que ver? Es inocente.

CONDUCTOR – ¿Cómo lo sabe?

GONZÁLEZ – Usted no tiene pruebas contra él.

CONDUCTOR – Yo no tengo nada contra él.

GONZÁLEZ – No parece.

CONDUCTOR – ¿Y usted qué? ¿Tiene pruebas acaso?

GONZÁLEZ – No. Pero confío en él más de lo que confío en los que lo acusan.

CONDUCTOR – ¿Una cuestión de equilibrio?

GONZÁLEZ – De valores. Aunque a usted le suene indigno.

CONDUCTOR – ¿Indigno? Eso depende.

GONZÁLEZ – Para el caso, es más de lo que usted tiene. Usted lo único que quiere es la cabeza de Antonio.

CONDUCTOR – Y usted ya la tiene. Dese cuenta. Todos lo necesitan enjaulado. Los que lo creen culpable, en nombre de la llamada justicia; los que lo creen inocente, en el de la piedad.

GONZÁLEZ – ¿Y usted?

CONDUCTOR – No; a mí no me conmueve. Y sólo porque me resisto a sentir pena, usted ve en eso una acusación. En cambio usted busca desesperadamente tenerle lástima a un Suárez Zabala porque usted también necesita víctimas.

GONZÁLEZ – La merece. Como cualquiera.

CONDUCTOR – ¿Qué cosa?

GONZÁLEZ – Piedad.

CONDUCTOR – ¿El Ingeniero? La pide a gritos, sí. Pero no la merece. Ninguno la merece.

GONZÁLEZ – ¿Ni siquiera la niña?

CONDUCTOR – Menos que nadie.

GONZÁLEZ – ¿Por qué?

CONDUCTOR – Es degradante. El peor de los insultos. La pena por Martha Stutz es su certificado de defunción.

GONZÁLEZ – Habla como si el crimen no se hubiera cometido y la niña no hubiese muerto.

CONDUCTOR – En rigor todavía no se cometió. *(Pausa.)* Mientras no aparezca el cuerpo del delito...

GONZÁLEZ – Según usted podría nò cometerse entonces.

CONDUCTOR – Quién sabe.

GONZÁLEZ – ¿Y cómo sería eso?

CONDUCTOR – En ese caso Martha Stutz entrará por ahí.

González parece no entender. Un silencio. Luego ríe.

GONZÁLEZ – ¿Por dónde?

CONDUCTOR – Bueno, por ahí, por allá.

GONZÁLEZ – Eso no tiene sentido.

CONDUCTOR – ¿Le hace gracia? Debería sentir miedo. Porque en tal caso esto no tendría sentido.

GONZÁLEZ – ¿Esto?

CONDUCTOR – No querría asustarlo, pero estamos en peligro..., cómo decirlo, de extinción. Supuse que lo sabía. ¿Trajo arma?

GONZÁLEZ – ¿Arma?

CONDUCTOR – Por si sobreviene el pánico. Acá todos tenemos miedo. De forma permanente. Por eso tratamos de mantenernos activos. Pero el pánico es algo diferente. Ya va a ver. *(Le tiende una pistola mediana.)* Tome. Vamos, tómela. *(González toma el arma.)* ¿Sabe usarla?

GONZÁLEZ – No.

CONDUCTOR – Bueno. Se las va a ingeniar. La desesperación puede volvernos sumamente diestros.

GONZÁLEZ – Usted no parece desesperado.

CONDUCTOR – Es que me habitué. Pero créame, lo estoy. En instantes como éste vuelve la posibilidad. Es insoportable.

GONZÁLEZ – ¿Qué posibilidad?

CONDUCTOR – De desintegrarnos. De reventar en una lluvia invisible. Si pudiera desearse la muerte, le juro que lo haría. No obstante, el arma nunca está de más. Es un consuelo y… *(Se interrumpe.)* Lo noto pálido, González. ¿Se siente bien?

GONZÁLEZ – ¿No podríamos… seguir?

CONDUCTOR – ¿Seguir? Cómo no. ¿Por dónde?

GONZÁLEZ – Por donde sea.

CONDUCTOR – No. Usted sabe. Usted conoce esto mejor que ninguno. Usted nos va a decir.

GONZÁLEZ – Yo no sé. Yo no sé nada.

De pronto interviene Carmen.

CARMEN – Claro que no.

GONZÁLEZ – *(Alarmado, al Conductor.)* ¿Quién es? ¡¿Quién es esa mujer?!

CARMEN – Usted no la conoció. No la miró ni una vez a los ojos. Ni la tocó. Ni la tuvo cerca. Ni la oyó quejándose… pidiendo por favor. Ninguno de ustedes la quiso.

GONZÁLEZ – *(Reconociéndola, aliviado.)* ¿Carmen?

El Ayudante 1 se adelanta y anuncia:

AYUDANTE 1 – Testimonio de la señora Carmen Barrientos.

El Ayudante 2 lee de un papel:

AYUDANTE – Carmen sola en su casa. Suenan golpes en la puerta. *(Patea el piso tres veces.)* Carmen abre la puerta.

CARMEN – No.

CONDUCTOR – ¿No qué?

CARMEN – Nunca debí abrir esa puerta.

CONDUCTOR – ¿Por qué?

CARMEN – Quizá... las cosas hubiesen sido distintas...

CONDUCTOR – Entiendo su... expresión de deseo, Carmen. Pero como hipótesis, en tanto detendría el curso del relato, es inaceptable.

CARMEN – Nunca debí abrir esa puerta.

El Conductor, molesto, decide sortear el obstáculo. Dirigiéndose a los Ayudantes:

CONDUCTOR – En fin. Limitémonos a la descripción de los hechos.

Arremete el Ayudante 2.

AYUDANTE – Carmen sola en su casa. Suenan golpes en la puerta. *(Patea tres veces el piso.)* Carmen abre la puerta. *(Se adelanta unos pasos hasta donde está Suárez Zabala 1 con la Mujer/Niña desvanecida en sus brazos. Leyendo del papel.)* ¿Sí? ¿Qué desea?

AYUDANTE 1 – *(Lee.)* Tome. Se muere. Cúrela.

Suárez Zabala le entrega la Mujer/Niña al Ayudante 2 y se sienta en su banco.

AYUDANTE – Carmen lleva a la chica a su consultorio.

AYUDANTE 1 – *(Llevando una camilla con ruedas al centro de la escena.)* Según informe de los peritos una habitación sin las mínimas condiciones de asepsia donde la señora Carmen Barrientos hacía ejercicio ilegal de la medicina.

El Ayudante 2 acuesta a la Mujer/Niña sobre la camilla.

AYUDANTE – *(Lee.)* Una semana después la niña deja de vivir.

El Ayudante 1 se adelanta con una sábana para cubrir el cuerpo de la Mujer/Niña.

MUJER/NIÑA – ¡¡No!! *(El Ayudante 1 se detiene. La Mujer/Niña se levanta y corre hasta Carmen.)* ¡No! ¡No deje que pase esto! ¡Hágalo seguir! ¡Hágalo seguir!

CARMEN – No, no, mi nena; no te va a pasar nada. Va a pasar. Ya va a pasar. *(Un silencio. Carmen se dirige al Conductor.)* Yo no sé nada. Yo tenía una nena muriéndose en mi casa. Es lo único que yo sé. ¿Por qué? ¿Por qué tuve que ser yo? ¡¿Por qué tuve que abrir esa puerta?! ¿Por qué no habré estado dormida... o muerta? Ay, Dios mío ¿por qué no habré estado muerta?

Carmen está de rodillas en el piso junto a la Mujer/Niña. Silencio. La Risler se acerca. Con delicadeza.

RISLER – Carmen. Es que esta chica necesita atención. No está grave. Es que... Alguien... Quiero decir... Vos entendés: no se la puede llevar a un hospital... *(Carmen calla.)* Doscientos pesos.

CARMEN – ¿Cuántos años tiene?

RISLER – No sé. Es chica.

Hace una seña. Se acerca Suárez Zabala 1 con la Mujer/Niña en brazos, sin sentido. Carmen guarda el dinero. La Risler y Suárez Zabala 1, luego de intercambiar una mirada, hacen ademán de irse.

CARMEN – Un momento. No pueden irse.

SUÁREZ ZABALA 1 – *(A la Risler.)* ¿Le diste?

RISLER – Sí.

CARMEN – Tienen que esperar un momento. Todavía tengo que ver si yo puedo...

Se queda mirando a Suárez 1. Este mira su reloj.

SUÁREZ ZABALA 1 – Volvemos en dos horas.

CARMEN – No, esperen. No me pueden dejar sola con ella. Es muy... es muy chica.

Suárez anota algo en un papel.

SUÁREZ ZABALA 1 – Quédese tranquila.

CARMEN – *(Por la Mujer/Niña.)* ¿Qué le pasó? ¿Qué le hicieron?

SUÁREZ ZABALA 1 – *(A la Risler.)* Vamos.

Le da otro billete a Carmen. La Mujer/Niña deja escapar un gemido de dolor. Carmen se vuelve para mirarla. Suárez Zabala 1 y la Risler aprovechan la distracción de Carmen para marcharse rápidamente.

CONDUCTOR – ¿Y? ¿Qué pasó después?

CARMEN – ¿Cómo después?

CONDUCTOR – Aquí dice... "Una semana después la niña deja de vivir"...

CARMEN – Eso no es cierto.

CONDUCTOR – ¿Cómo que no?

CARMEN – Yo nunca dije eso.

CONDUCTOR – Según los registros, lo dijo su marido.

CARMEN – Lo obligaron. La policía lo torturó y lo obligó a decir eso. Pero es mentira. Mintió. Como todos.

CONDUCTOR – Interesante. ¿Qué sucedió entonces? ¿El Ingeniero pasó a buscarla?

CARMEN – ¿Qué Ingeniero?

CONDUCTOR – Vamos, Carmen; no está colaborando.

CARMEN – Yo no voy a acusar a nadie. A nadie. ¿Está claro? Yo... Yo me acerqué a la nena y... *(Se vuelve hacia la Mujer/Niña, que la mira, sentada en la camilla.)* ¿Dónde está?

CONDUCTOR – ¿Qué cosa?

CARMEN – La nena. ¿Dónde está? *(Llama.)* ¡Marthita!

CONDUCTOR – ¿Qué hace?

CARMEN – ¡Martha!

CONDUCTOR – ¿Para qué la necesita?

CARMEN – ¿Necesitarla? Para nada. La busco nada más. ¡Marthita! ¿Pero dónde se metió esa chica? *(La Mujer/Niña continúa sobre la camilla, sentada, atendiendo al curso de la conversación, pero nadie parece notar su presencia.)* ¿Marthita?

MUJER/NIÑA – Acá.

CARMEN – ¡Marthita!

MUJER/NIÑA – ¡Acá está!

CARMEN – ¿Dónde está? ¿Qué hicieron con ella? Estaba acá hasta hace un momento. Usted la vio. Todos la vieron. Acá. Conmigo. En mi cama. ¡Marthita! Por Dios ¿dónde está? ¿Dónde se metió esa chica? ¡¡¡Marthita!!!

MUJER/NIÑA – *(Verdaderamente asustada.)* ¡Acá! ¡Acá está!

CARMEN – ¡¡¡Martha!!!

La Mujer/Niña empieza a chillar producto de un acceso de angustia. En ese momento suena una fuerte campanada y con ella se produce un brusco silencio y apagón. A esa campana le siguen otras cuatro. El velador del Conductor se enciende.

CONDUCTOR – Receso.

Luz y un suspiro generalizado de alivio. Todos los personajes se relajan, menos González quien se mantiene siempre un tanto ajeno a la "familiaridad" que parece haber entre los otros. Todos están en escena. Los Ayudantes traen una mesa larga que luce un impecable mantel blanco de hilo y un elegante servicio de té. Platería y porcelana inglesas. Rápidamente los personajes acercan sus bancos a la mesa. En un instante están todos tomando el té, incluso González. Este y el Conductor ocupan las cabeceras. Murmullo. Risitas. Los personajes hablan entre sí, mientras se van sirviendo té, masas y torta. Una música.

RISLER – ¡Oigan, oigan! Resulta que está Marthita dando vueltas por el País de las Maravillas con la Reina de Corazones. De repente la Reina se para y le pregunta: "¿Qué edad dijiste que tenías, querida?" Martha hace un cálculo rápido y responde: "Nueve años y siete meses". "Nueve años y siete meses" repite la Reina pensativa. "Una edad muy poco conveniente. Si me hubieras pedido consejo te habría dicho que te quedaras en los nueve. Pero ahora ya es demasiado tarde." "Yo nunca pido consejo para crecer" dijo Martha indignada. "¿Demasiado orgullosa?", pregunta la Reina. "Quiero decir que una no puede evitar hacerse mayor", le aclara Martha. "Una quizá no", dice la Reina, "pero dos sí. Con la ayuda necesaria podrías quedarte en los nueve."

La reacción de todos (menos González, el Conductor y la Mujer/Niña) es la de caer como fulminados sobre la mesa. La única que ríe, escandalizada y algo excitada, es la Mujer/Niña. Ni ésta ni el Conductor parecen registrar el desmayo general que acaba de producirse. González mira a los caídos con distanciada sorpresa. El Conductor continúa tomando el té como si tal cosa. Cuando la risa de la Mujer/Niña se extingue, González se atreve:

GONZÁLEZ – ¿Qué... les pasó?

CONDUCTOR – Nada. Duermen. Estaban cansados.

GONZÁLEZ – ¿Cansados?

CONDUCTOR – ¿Por qué no? Sueño. Hambre. También tienen derecho. *(Continúa tomando el té. Lo mismo que la Mujer/Niña. La acción es bastante disociada. Mientras el Conductor come, bebe y habla, no deja de servir a la Mujer/Niña durante todo el rato. Le tiene siempre llena la taza y no deja de convidarle masitas, scons, porciones de torta, etc. La Mujer/Niña come y bebe sin parar, aunque todo esto debe resultar sumamente natural. Después de un momento se dirige a ésta.)* Míralos. *(La Mujer/Niña lo hace.)* Se diría que no pertenecemos al mundo más que en dos terceras partes de nuestra existencia, y que la otra tercera parte es como si todavía no hubiese nacido ¿no?

GONZÁLEZ – ¿Cómo?

CONDUCTOR – No le hablaba a usted.

GONZÁLEZ – Ah.

Pausa.

CONDUCTOR – A veces, digo, creo que sería más fácil pensar que nunca existió. Como en algún sentido cada uno de nosotros tampoco existe. *(Pausa. A González.)* Ahora sí le hablo a usted.

GONZÁLEZ – Ah... ¿Cómo?

CONDUCTOR – Que a veces pienso que nunca existió. Como en algún sentido nosotros tampoco existimos.

GONZÁLEZ – ¿En qué sentido?

Por toda respuesta el Conductor se lo queda mirando fijo durante un largo momento sin decir nada mientras bebe y mastica. Tras esa larga pausa:

CONDUCTOR – ¿Qué?

GONZÁLEZ – Qué.

CONDUCTOR – ¿Té? *(González no responde y el Conductor toma una tetera -de las muchas que debe haber, todas muy ornadas, todas de plata-, y le sirve lo que se convierte en un chorro infinito de té, como si la taza de González no tuviera fondo. Mientras este eterno té se va sirviendo.)* Ni siquiera un retazo de su famoso vestidito...

AYUDANTE 1 – *(Habla dormido.)* Blanco, puños rojos, pollera a tablas, moño blanco...

CONDUCTOR – Ni un pequeño, insignificante puñado de las cenizas de uno de sus huesitos. Como algo que no tiene fin. Que empezó un día pero nunca terminó. Hasta da un poco de vértigo. ¿Leche?

GONZÁLEZ – Gracias.

Silencio. Alguno de los personajes, dormido, destapa una de las teteras, mete su mano dentro y la deja allí; todo sin dejar de dormir. El Conductor sirve a la Mujer/Niña y a sí mismo té de esa tetera sin advertir como algo extraño el hecho de que haya una mano metida en ella. González sonríe.

MUJER/NIÑA – ¿De qué se ríe?

GONZÁLEZ – ¿Reírme?

MUJER/NIÑA – Sí.

GONZÁLEZ – No me río. Me sonrío.

Pausa.

MUJER/NIÑA – No es educado. *(González la mira sin comprender.)* Sonreír. Sobre todo si no contaron ningún chiste... Claro que no reírse cuando contaron un chiste tampoco es educado. Mi gata una vez se rió. Una vez sola. No es nada elegante un gato riéndose. Los gatos no deberían reírse nunca.

Continúa comiendo.

GONZÁLEZ – ¿Cómo se llama tu gata?

MUJER/NIÑA – ¿Por qué quiere saber eso?

GONZÁLEZ – Preguntaba, nada más.

La Mujer/Niña larga una hermosa carcajada.

MUJER/NIÑA – ¡Qué pregunta más tonta! ¿Cómo se llama esto?

No señala nada en particular.

GONZÁLEZ – ¿Qué cosa?

MUJER/NIÑA – ¿Ve qué tonto que es preguntar por el nombre de las cosas?

GONZÁLEZ – Bueno, pero a veces uno quiere saber.

MUJER/NIÑA – ¿Qué hay que saber?

GONZÁLEZ – Cosas. Para aprender.

MUJER/NIÑA – ¿Por ejemplo?

GONZÁLEZ – Los nombres. Los nombres de las personas. Para conocerse.

MUJER/NIÑA – Yo a usted no lo conozco.

GONZÁLEZ – Me llamo Gustavo.

La Mujer/Niña ríe.

MUJER/NIÑA – ¡Qué nombre más gracioso!

GONZÁLEZ – ¿Gracioso?

MUJER/NIÑA – Y tonto. Gracioso y tonto. ¿Qué quiere decir?

GONZÁLEZ – ¿Qué cosa?

MUJER/NIÑA – Gustavo.

GONZÁLEZ – ¿Qué?

MUJER/NIÑA – Le hice una pregunta. No me conteste con otra. Eso también es poco educado. *(Pausa.)* Le pregunté qué quiere decir.

GONZÁLEZ – ¿Qué cosa?

MUJER/NIÑA – ¡Qué difícil que es hablar con usted! Le pregunto que qué quiere decir eso de Gustavo.

GONZÁLEZ – No sé. No quiere decir nada. Es mi nombre.

MUJER/NIÑA – ¿Su nombre, y no sabe qué quiere decir?

GONZÁLEZ – No es necesario. Con saber que me llamo así.

Pausa.

MUJER/NIÑA – Ovátsug.

GONZÁLEZ – ¿Qué?

MUJER/NIÑA – Ovátsug. *(González ríe.)* ¿De qué se ríe? Es su nombre. Gustavo-Ovátsug. Es tan tonto, que da risa. Si usted supiera qué quiere decir, no sería tan tonto. Pero usted no sabe qué quiere decir y le hace gracia, se ríe. Pero tampoco sabe de qué se ríe, y eso no es nada educado. *(Pausa.)* Tonto y maleducado.

GONZÁLEZ – ¿Y vos sabés qué quiere decir tu nombre?

MUJER/NIÑA – Sí. *(Pausa.)* Pero no se lo puedo decir.

GONZÁLEZ – ¿Por?

MUJER/NIÑA – Tampoco se lo puedo decir.

GONZÁLEZ – Sos una chica muy...

MUJER/NIÑA – ¿... inteligente para la edad que tengo? Sí, ya sé. Pero le recomiendo que no me pregunte. *(Pausa.)* Cuántos años tengo. No me pregunte. No es conveniente. *(Pausa.)* Mi edad... no es conveniente.

La Mujer/Niña se levanta y sale corriendo. González se queda mirando por donde salió. El Conductor susurra:

CONDUCTOR – Repetición.

La Mujer/Niña reingresa por otro lugar (como si hubiese dado toda la vuelta al espacio escénico por fuera), se sienta en el mismo lugar que ocupara hasta hace un momento y retoma exacta la actitud anterior.

MUJER/NIÑA – Pero le recomiendo que no me pregunte... Cuántos años tengo. No me pregunte. No es conveniente... Mi edad... no es conveniente. *(González, desconcertado, mira al Conductor; pero la Mujer/Niña vuelve a salir corriendo, reingresa y repite antes de que González atine a decir nada.)* Pero le recomiendo que no me pregunte... Cuántos años tengo. No me pregunte. No es conveniente... Mi edad... no es conveniente.

La repetición es exacta hasta en el mínimo gesto. El Conductor parece disfrutarlo. González lo mira casi con horror. La repetición continúa simultáneamente con lo que sigue:

CONDUCTOR – Quizá, después de todo... puede haber nuevamente un cuerpo del delito. *(Pausa.)* Quizá todo sea repetible.

GONZÁLEZ – ¿Todo? ¿Todo qué?

CONDUCTOR – Todo.

La Mujer/Niña continúa repitiendo:

MUJER/NIÑA – Pero le recomiendo que no me pregunte... Cuántos años tengo. No me pregunte. No es conveniente... Mi edad... no es conveniente.

GONZÁLEZ – ¿Por qué me mira así? ¿Qué está insinuando?

CONDUCTOR – ¡Fin del receso!

Los personajes despiertan súbitamente sin pizca de pereza y se limpian con servilletas. La repetición de la Mujer/Niña se interrumpe abruptamente. Los Ayudantes se llevan la mesa. La escena se despeja en un santiamén. El Conductor vuelve a su pupitre. González queda solo y desconcertado; tenso en el centro del lugar. Hasta le quitan y le llevan su asiento sin que él atine a nada.

GONZÁLEZ – ¿Qué está insinuando?

El Conductor anuncia:

CONDUCTOR – Insinuación.

Penumbras. Una luz descubre a Suárez Zabala 1, preso, demacrado, flaco. Mira a González. Este se vuelve hacia el Conductor.

SUÁREZ ZABALA 1 – Gustavo...

GONZÁLEZ – *(Al Conductor.)* No puede obligarme.

CONDUCTOR – Yo no lo obligo a nada.

SUÁREZ ZABALA 1 – Gustavo, por favor.

González se resiste a llevar su atención hacia Suárez Zabala 1.

GONZÁLEZ – ¿Por qué me involucra?

CONDUCTOR – ¿Yo?

SUÁREZ ZABALA 1 – Miráme, Gustavo.

GONZÁLEZ – *(Al Conductor.)* ¿Por qué?

SUÁREZ ZABALA 1 – Gustavo, por favor. Miráme.

GONZÁLEZ – ¿Qué querés?

SUÁREZ ZABALA 1 – Tengo miedo.

GONZÁLEZ – ¿Qué querés que haga?

SUÁREZ ZABALA 1 – Por favor, Gustavo. No aguanto más. Hace ya casi dos años que estoy acá preso. Me siento muy mal. Es demasiado horrible.

GONZÁLEZ – Basta, Antonio.

SUÁREZ ZABALA 1 – Quiero morirme.

GONZÁLEZ – Ya sé. *(Silencio.)* No fue muy inteligente que te hayas... lastimado.

SUÁREZ ZABALA 1 – ¿Pensás que soy culpable? Miráme, Gustavo.

GONZÁLEZ – Yo te creo. *(Pausa.)* Voy a hacer lo que pueda. *(González va a salir. Suárez Zabala 1 trata de retenerlo por la manga.)* Voy a hacer todo lo que pueda, Antonio. Te lo juro. *(Oscuridad para Suárez Zabala 1. González se vuelve hacia el Conductor, visiblemente dolido.)* Usted está jugando sucio. No tiene ningún derecho. *(El Conductor ni siquiera lo mira. Hace una seña al Ayudante 2. Este va hasta González e intenta conducirlo a su sitio. González se resiste. Al Conductor.)* ¡Mi relación personal con Antonio no...!

El Conductor lo interrumpe, mientras el Ayudante 2 obliga a González a sentarse:

CONDUCTOR – ¡Hipótesis!

AYUDANTE 1 – En el quiosco de revistas de la avenida Castro Barros, una niña llamada Martha Ofelia Stutz compró tres revistas de historietas...

La Mujer/Niña está en el extremo aquel donde la sorprendiera el conejo en su primer aparición. Tiene la mano extendida con el dinero del comienzo. El Ayudante 2 toma el dinero de la mano de la joven y coloca en ella tres revistas. Las revistas caen porque la Mujer/Niña no las ha aferrado. En cambio mira con vivísimo interés frente a sí. En el otro extremo del espacio está Suárez Zabala 2 con la máscara de conejo puesta. La Mujer/Niña no quita la vista de Suárez Zabala 2, quien mueve la cabeza de modo que las orejas del conejo se sacudan graciosamente. La Mujer/Niña no puede dejar de reír. Suárez Zabala 2 le hace a la Mujer/Niña un mínimo gesto de invitación y sale rápidamente. La Mujer/Niña duda un momento, luego sonríe y lo sigue, también corriendo. Lo único que queda en escena son las tres revistas. El Conductor las señala. El Ayudante 1 las levanta y se las alcanza. El Conductor las observa un instante y luego las guarda dentro de una de sus carpetas.

AYUDANTE – Testigos tardíos afirman haber visto a Marthita subiendo a un automóvil junto a una mujer rubia. Al volante iba un hombre cuya descripción responde al tipo físico del Ingeniero Antonio Suárez Zabala.

Pascuita se dirige al Conductor, con enorme sinceridad y auténtica conmoción.

PASCUITA – Mi marido es inocente. Y yo puedo explicar todo este asunto de la farmacia. Antonio es un hombre muy impresionable y nervioso. Pero si me hubieran permitido ayudarle a recordar, todo hubiera quedado aclarado de inmediato. Hace diecinueve años que estamos casados y puedo asegurar que es un modelo de hombre. No bebe, no juega, jamás ha trasnochado... y mienten quienes dicen que tiene otra casa en Buenos Aires. Insisten en el detalle de que adquirió gasas y afirman que las necesitaba para la menor violada. El sábado dieciocho estuvo en la farmacia, claro que sí. Pero fue en busca de esos elementos para mí. He sido operada el trece de noviembre y cuando fue a la farmacia yo todavía estaba en cama y debía hacerme curaciones.

Suárez Zabala 1, preso, débil, a Pascuita.

SUÁREZ ZABALA 1 – ¿Por qué mentiste? *(Pascuita lo mira.)* Pascuita.

PASCUITA – Quiero que sepas que conmigo no se jode. *(Suárez Zabala 1 se queda estupefacto ante la dureza de su mujer.)* Sé que tenés otra casa en Buenos Aires.

SUÁREZ ZABALA 1 – No, Pascuita...

PASCUITA – ¿Querés que te diga la dirección?

SUÁREZ ZABALA 1 – Pascuita... Podemos hablar de eso, pero... quiero decir... en otro momento... Ahora...

PASCUITA – ¿Qué otro momento? Se terminó, Antonio. No mentís más. Y hablás cuando yo quiera, de lo que quiera. Porque soy todo lo que tenés. Tu única coartada. Más vale que lo entiendas.

SUÁREZ ZABALA 1 – No me pueden acusar de lo que no hice.

PASCUITA – ¿No?

Pascuita saca de su cartera un sobre. El Ayudante 2 lo toma y anuncia:

AYUDANTE – Fotografías.

Se lo lleva al Conductor. Este lo abre y las observa.

SUÁREZ ZABALA 1 – ¿Soy yo? *(Nadie responde.)* ¿Qué es lo que hay en esas fotografías? *(Mira a Suárez Zabala 2.)* ¿Qué?

Los dos Suárez se miran un momento.

SUÁREZ ZABALA 2 – ¿No sabés?

AYUDANTE 1 – Suárez Zabala se presume culpable.

Suárez Zabala 2 está en el centro del lugar. Hay un silencio. Suárez Zabala 2 mira al Conductor un buen rato antes de comenzar a hablar.

SUÁREZ ZABALA 2 – Si ella estuviera aquí, diría que lo disfrutó. *(Pausa.)* Fui tan bueno con ella. Quizá nunca la habían tratado tan bien, con tanta dulzura y delicadeza. Quizá nunca antes se había divertido tanto. Quién sabe. No tenía miedo. Tal vez un poco al principio. Porque no me conocía. Pero hablamos. Hablamos un largo rato. Yo le conté quién era. Y ella escuchaba. Le mostré mis mejores trucos. Yo tenía los bolsillos llenos de sorpresas. Se rió con mis bromas. Estaba encantada conmigo. *(Pausa.)* Y yo con ella. *(Pausa.)* Me acarició. *(Pausa.)* Me acarició con su pequeña mano. Si hay algo más hermoso que la mano de una niña de nueve años, yo no lo conozco. *(Pausa.)* Nadie sabe lo que pasó ahí. Nadie lo sabe.

Pausa.

CONDUCTOR – Y pasada la medianoche... *(Pausa. Está pasando las fotografías que sacara del sobre.)* ¿No es verdad?

SUÁREZ ZABALA 2 – ¿Qué otra cosa podía hacer?

CONDUCTOR – Estás condenado, Suárez.

SUÁREZ ZABALA 2 – Sí, ya sé. Lo supe en el momento en que me tocó.

CONDUCTOR – ¿Antes de eso no?

SUÁREZ ZABALA 2 – Antes de eso yo no era nada.

CONDUCTOR – ¿Y después?

Pausa.

SUÁREZ ZABALA 2 – ¿Menos que nada?

Pascuita se acerca y le propina un fuerte cachetazo.

SUÁREZ ZABALA 1 – ¿Qué está pasando, Pascuita?

PASCUITA – *(Gira hacia él. Muy tranquila.)* Te odio, Antonio. Te odio tanto.

SUÁREZ ZABALA 1 – Pero soy inocente.

PASCUITA – Eso depende de mí ahora.

SUÁREZ ZABALA 2 – ¿Qué vas a hacer?

PASCUITA – Ahora voy a salvarte.

SUÁREZ ZABALA 2 – ¿Por qué?

PASCUITA – Ya te lo dije. Te odio.

SUÁREZ ZABALA 1 – Estás enferma, Pascuita.

PASCUITA – Alguien tiene que estarlo.

Sale.

SUÁREZ ZABALA 1 – Fuiste vos.

SUÁREZ ZABALA 2 – ¿Por qué no?

El Conductor anuncia, enarbolando el sobre de fotografías:

CONDUCTOR – El cuerpo del delito.

AYUDANTE 1 – González en su casa. Suenan golpes en la puerta.

Golpea tres veces en el piso. Un seguidor ilumina a González.

GONZÁLEZ – *(Algo encandilado.)* ¿Qué es esto?

PASCUITA – Por favor. Necesito hablar con el señor González.

GONZÁLEZ – *(Al Conductor.)* ¿Qué están haciendo?

RISLER – Llaman, mi amor. ¿Abro?

PASCUITA – *(A la Risler.)* Dígale que vengo de parte del Ingeniero Antonio Suárez Zabala. Que es urgente.

RISLER – Es una señora que quiere verte, gordo. Dice que es urgente. ¿La hago pasar?

GONZÁLEZ – *(Al Conductor.)* ¡Esto es un disparate!

PASCUITA – *(Dando un paso hacia González.)* Yo sé que parece un disparate. Pero es cierto. Alguien quiere incriminar a mi marido en algo que no hizo. Existen ciertas fotografías.

GONZÁLEZ – *(Al Conductor.)* ¿Qué fotografías? ¿De qué están hablando?

PASCUITA – *(A González.)* Las tomó una mujer rubia. Antonio no sabe su nombre. Dice que todos la conocen como la Reina de Corazones. Por favor. Antonio necesita ayuda. *(Silencio.)* ¡González! ¡González!

González se dirige al Conductor.

GONZÁLEZ – Quiero verlas.

CONDUCTOR – ¿Qué cosa?

GONZÁLEZ – Quiero ver esas fotografías.

La Mujer/Niña, que continúa tendida en el piso, recobrando el conocimiento:

MUJER/NIÑA – ¿Dónde estoy? *(Mira a González.)* ¿Quién es usted?

Pausa. González se vuelve hacia el Conductor.

GONZÁLEZ – Deme eso, imbécil.

El Conductor le da el sobre al Ayudante 2 y le hace un gesto de que se lo lleve a González. El Ayudante duda.

CONDUCTOR – Dáselas. *(El Ayudante 2 le lleva el sobre a González. Seña del Conductor. Apagón general. Sólo queda una luz para González con el sobre de fotos. Se enciende el velador del Conductor.)* Pánico. *(González abre el sobre. Mira. Desconcertado va volviendo lo que son únicamente papeles en blanco. Mira al Conductor con furia.)* ¿Qué creíste que ibas a encontrar? ¿Fotos? ¿De qué? ¿De la violación? ¿Del asesinato? ¿Del desmembramiento del cuerpo? ¿De la cremación? ¿Tanto te asusta que la chica aparezca? Quedaste al descubierto, González: viva o muerta la presencia de Marthita te vuelve cómplice. Porque no queda nadie más que vos para velar por su completa y total ausencia. Toda tu existencia está sostenida de eso ¿no? Todos estamos sostenidos de eso. Posesos de la ausencia de una niña de nueve años. La sentencia es 'no hay cuerpo del delito': y somos todos inocentes, ¿no es cierto? Pero no: esa es la ficción. Somos todos sospechosos. Estás condenado, González.

GONZÁLEZ – Muy impactante lo suyo. Todos estamos involucrados. Que venga el que quiera: aquí el señor lo va a sospechar, lo va a acusar y lo va a condenar. ¿A qué otro quiere hacer caer?

CONDUCTOR – No veo a nadie más.

GONZÁLEZ – Si lo viera lo involucraría también.

CONDUCTOR – También. No hay escapatoria.

GONZÁLEZ – ¿Eso lo hace feliz?

CONDUCTOR – ¿Por qué no?

GONZÁLEZ – Es obsceno.

El Conductor señala el arma.

CONDUCTOR – Eso también es obsceno.

GONZÁLEZ – Usted me la dio.

CONDUCTOR – Y vos la aceptaste. ¿O vas a hacernos creer que también sos una víctima?

GONZÁLEZ – ¿Quién es usted?

CONDUCTOR – Nos estamos demorando mucho, González. Y toda esta gente está esperando. Hagámoslo ¿sí?

GONZÁLEZ – Usted es un fanático.

CONDUCTOR – Claro que sí. ¿Vos no? Yo soy fanático tuyo, González. *(Por Suárez Zabala 1.)* Y de él. *(Por Carmen.)* Y de ella. *(Por todos.)* Y de todos. No conozco otras caras. No existen otras caras. Los conozco tanto a todos. Y todavía no sé quiénes son. Aún me sorprenden y desconciertan. ¿Cómo querés que no me sienta fascinado y feliz? Vamos, González. Terminemos de una vez. *(Se señala el pecho.)* Aquí. Demos un buen espectáculo. ¿No querías saber quién soy?

GONZÁLEZ – Depravado.

González levanta el arma. Los Ayudantes van a intervenir. El Conductor los detiene.

CONDUCTOR – ¡No! *(Los Ayudantes lo miran.)* Prepárenme. *(Los Ayudantes se acercan al Conductor. Uno le vierte una jarra de sangre artificial en el pecho. El otro le empolva la cara de blanco. Mira a González.)* El instante.

GONZÁLEZ – Payaso.

González dispara.

CONDUCTOR – Yo. Yo soy el cuerpo del delito.

Certera, la bala entra en el pecho del Conductor.

GONZÁLEZ – Estupideces. *(El Conductor cae. El Ayudante 2 y la Risler corren a socorrerlo. Alguno más atina a hacer algún movimiento, pero la voz de González lo detiene.)* ¡Todo el mundo quieto! *(Pausa.)* Ahora me toca a mí. *(Hace una seña y la luz cambia.)* Carmen sola en su casa. Suenan golpes en la puerta.

González da tres golpes con la empuñadura del arma contra un banco. Se iluminan la Risler y la Mujer/Niña. Detrás de ellas el Ayudante 2 que trae al Conductor moribundo en sus brazos. Más atrás, Pascuita y los dos Suárez.

RISLER – Es un hombre. Está mal.

MUJER/NIÑA – No se lo puede llevar a un hospital. No... no hay tiempo.

AYUDANTE – Parece que la bala le perforó un pulmón.

CARMEN – Yo no sé de balas. ¿Qué puedo hacer?

PASCUITA – Por favor. No hay tiempo.

Carmen hace una seña. Acuestan al Conductor sobre la camilla. La Risler, el Ayudante 2, Pascuita y los Suárez se alejan. La Mujer/Niña mira al Conductor.

MUJER/NIÑA – Me tengo que ir. Es mi única oportunidad.

El Conductor la retiene de un brazo. Pausa.

CONDUCTOR – Duele mucho.

MUJER/NIÑA – Sí. Ya sé.

CONDUCTOR – Andá. Corré.

La Mujer/Niña intenta huir, pero González la detiene. Luego toma un diario y le hace una seña al Ayudante 1 quien lo toma y por indicación de este se lo muestra a Carmen.

GONZÁLEZ – Carmen.

CARMEN – ¿Qué?

GONZÁLEZ – El diario. Acaba de desaparecer una chica de nueve años.

Los Ayudantes, como al comienzo, van enunciando.

AYUDANTE 1 – El dieciocho de noviembre de mil novecientos treinta y ocho, en horas de la tarde, una niña de nueve años llamada Martha Ofelia Stutz salió de su casa en el barrio San Martín de Ciudad de Córdoba para comprar tres revistas.

GONZÁLEZ – *(A Carmen.)* Martha Stutz se llama.

AYUDANTE – Marthita salió de su casa luciendo un vestido blanco con puños rojos y pollera a tablas y con un moño blanco en el cabello.

GONZÁLEZ – Toda la policía de Córdoba la está buscando... Piden la pena de muerte para los culpables. *(Pausa.)* No hay más remedio, Carmen.

Carmen lo mira horrorizada.

CARMEN – ¿De qué habla?

GONZÁLEZ – No hay más remedio.

Le entrega el arma. Carmen apunta a la Mujer/Niña y luego baja el arma.

GONZÁLEZ – ¿Qué hace?

CARMEN – ¡Es que esto nunca sucedió! ¡No fue así!

GONZÁLEZ – ¡Admítalo, Carmen! ¡Usted no tuvo más remedio!

CARMEN – Pero eso no es razón.

GONZÁLEZ – ¡Había que matarla y hacer desaparecer el cuerpo! ¡No tenía alternativa!

CARMEN – ¡Pero eso no es una razón! ¡No es una razón! Ella se fue viva de acá. ¡Viva!

GONZÁLEZ – ¿Y a dónde se fue? ¿Quién se la llevó? ¡Usted fue la última que la vio!

CARMEN – Viva.

GONZÁLEZ – ¿Y dónde está? ¿A quién se la entregó? ¡Dígamelo!

CARMEN – ¿A quién quiere que acuse? ¿Al último? ¿El último es el culpable? Yo no vi que nadie la matara.

GONZÁLEZ – ¡Muéstremela, entonces! ¡Muéstremela! *(A todos.)* ¡Vamos! ¡Muéstrenla si son capaces! ¡Muéstrenla! *(Todos se miran entre sí. Silencio tenso, ominoso.)* ¡Imbéciles! ¡Todos ustedes! Imbéciles. ¿Creen que pueden intimidarme? ¿Que les tengo miedo? ¡Martha Stutz está muerta ¿entienden?! ¡¡Muerta!! Y yo soy el dueño: ustedes sobran. No tienen nada que hacer acá. *(Pausa. Luego, tomando una resolución; como una fiera.)* ¡Fuera! ¡Fuera de aquí! ¡Váyanse! ¡Vayan dejando limpio el lugar de sus estúpidas presencias! ¡Búsquenla! ¡Escapen! ¡Emigren! ¡Contágiense enfermedades! ¡Todos! ¡Todos! Todos vayan metiéndose debajo de la tierra. Y no vuelvan. No vuelvan. Jamás. *(Mientras hablaba, los personajes se fueron alejando hasta desaparecer. González ha llegado en tanto hasta el podio del Conductor. Se sienta allí. Toma las carpetas, comienza a cerrarlas y a poner todo en orden. En el centro del lugar yace el Conductor. Los Ayudantes lo están observando.)* ¿Y ustedes?

AYUDANTE 1 – ¿El también está muerto?

GONZÁLEZ – Claro. Si me lo pidió.

AYUDANTE – ¿Pero está muerto?

GONZÁLEZ – No me interesa. *(Los Ayudantes se lo quedan mirando. González se recuesta en su asiento, verdaderamente fatigado.)* El caso está cerrado.

Oscuridad para González, los Ayudantes y el cuerpo del Conductor.

Se oye la voz de la Mujer/Niña tarareando una canción. La descubrimos acostada en el piso junto a Suárez Zabala 2, que lleva la camisa desabrochada, el pelo algo revuelto y con semblante feliz. Silencio. De pronto, Suárez Zabala 2 señala.

SUÁREZ ZABALA 2 – ¡Ahí! *(La Mujer/Niña mira pero no ve nada.)* No, volvió a desaparecer. Tenés que estar más atenta, sino nunca lo vas a ver.

MUJER/NIÑA – ¿Pero es en serio que se ríe?

SUÁREZ ZABALA 2 – Sí.

MUJER/NIÑA – Pero los gatos no se ríen.

SUÁREZ ZABALA 2 – Este sí. Y aparece y desaparece además.

Pausa.

MUJER/NIÑA – ¿Y va a volver a aparecer?

SUÁREZ ZABALA 2 – Quién sabe. Por ahí sí, por ahí no. Quizá aparezca una parte nada más.

MUJER/NIÑA – ¿Qué parte?

SUÁREZ ZABALA 2 – La cola, por ejemplo.

MUJER/NIÑA – *(Incrédula.)* No…

SUÁREZ ZABALA 2 – En serio. A veces aparece la cola por un lado, un pedazo de oreja por el otro y por allá una patita.

MUJER/NIÑA – Yo tengo una gata. Se llama Dinah.

SUÁREZ ZABALA 2 – ¡Que nombre espantoso!

MUJER/NIÑA – ¿Por qué?

SUÁREZ ZABALA 2 – ¿Cómo por qué? Oílo nada más: Dinah, Dinah… ¡un asco, la verdad! ¿Qué quiere decir?

MUJER/NIÑA – Nada. Se llama así.

SUÁREZ ZABALA 2 – ¿Quiere decir nada? Con razón me sonaba tan inmundo. ¿Y vos cómo te llamás?

MUJER/NIÑA – Martha.

SUÁREZ ZABALA 2 – ¿Y qué es eso?

MUJER/NIÑA – ¡Mi nombre!

SUÁREZ ZABALA 2 – ¿Y cómo se pronuncia?

MUJER/NIÑA – Así.

SUÁREZ ZABALA 2 – ¿Así se pronuncia? ¿Y cómo se escribe?

MUJER/NIÑA – Con hache en el medio.

SUÁREZ ZABALA 2 – Te llamás Martha. Se pronuncia así. Y se escribe Marhacheta. Nunca escuché algo igual. No, no, no; con un nombre tan complicado sería casi imposible escribirte cartas. "Querida Martha que se pronuncia así pero que se escribe Marhacheta…" No va a haber papel que alcance.

MUJER/NIÑA – ¿Y vos cómo te llamás?

SUÁREZ ZABALA 2 – ¡Ah! Para que sepas, yo tengo un nombre hermosísimo y elegantísimo, muy colorido y abrigado. Lo uso en casi todas las estaciones del año. Y además quiere decir exactamente lo que soy yo. Es algo formidable.

MUJER/NIÑA – ¿"Algo formidable" te llamás? ¡Qué nombre más estúpido!

Se miran. Hay un silencio y luego rompen a reír. Luego que la risa se extingue, con infinita dulzura:

SUÁREZ ZABALA 2 – No. Antonio me llamo. *(Pausa.)* ¿Y?

MUJER/NIÑA – ¿Qué?

SUÁREZ ZABALA 2 – ¿Qué te parece?

Pausa.

MUJER/NIÑA – Antonio…

SUÁREZ ZABALA 2 – ¿Qué?

MUJER/NIÑA – Me parece… que no quiero volver a mi casa.

Pausa.

SUÁREZ ZABALA 2 – No te preocupes. No vas a volver.

FIN

CASINO
Esto es una guerra

A mis amigos
Ruth, Dana, Marcelo, Rubén, Santi, Lucía

Imagináoslo. Hay una colina. Ha dejado de nevar, pero el cielo está gris, cubierto de nubes bajas. A lo lejos, como sí a la nieve le hubieran brotado alas y se lanzara en picada sobre nosotros, galopa un único caballo blanco llevando a un hombre que es un dios.

El caballo blanco relincha, menea la cabeza, echando vapor al respirar y galopa hacia nosotros por la nieve. Nosotros saludamos con nuestras espadas. Al mirar esa augusta cara, vemos en ella una fiera determinación y sabemos que nuestros corazones han sido comprendidos. El habla: "Hemos comprendido vuestra resolución. Vuestra fidelidad nos complace. De hoy en adelante gobernaremos esta tierra en persona, como es vuestro deseo. Por tanto, morid en paz... debéis morir inmediatamente".

Abrimos sin vacilar nuestras chaquetas, gritamos como para desgarrar las nubes del cielo: "¡Viva mucho tiempo su Majestad Imperial!", y luego nos hundimos en el costado nuestras sangrientas espadas.

(...) Cuando la conciencia ya se nos escapa, reunimos nuestras fuerzas y, alzando la cabeza, contemplamos la faz augusta. Brilla en un único rayo de luz que ha traspasado las nubes bajas. Y al borde de la muerte presenciamos un milagro.

Imagináoslo.

Por esas mejillas majestuosas corren lágrimas derramadas por nuestra muerte. En la luz que traspasa las nubes, un reguero de lágrimas. Un dios conmovido hasta derramar lágrimas por nuestra sinceridad.

YUKIO MISHIMA
"La voz de los espíritus del héroe"

"Casino. Esto es una Guerra" se estrenó en el Teatro Payró de Buenos Aies el 14 de enero de 1998 con el siguiente elenco:

PERSONAJES

EL NIÑO	Marcelo Pozzi
CAPITÁN	Néstor Sánchez
PATTERSON	Javier Niklison
SOLDADO	Pedro Ferraro
JULIÁN	Claudio Quinteros
ESCOLTA 1	Carlos Kaspar
ESCOLTA 2	Esteban Mihalik
JIM	Lucas Montana
Escenografía y vestuario	Oria Puppo
Música	Marcelo Moguilevsky
Coreografía	Ricky Pashkus
Iluminación	Alejandro Le Roux
Producción ejecutiva	Santiago Rosso
Asistente de dirección	Rubén D'Audia
Prensa	Raquel Flotta
Producción general	Lino Patalano
Dirección	Diego Kogan

Uno

Un bar.

Detrás de la barra un joven, casi un adolescente, al que llamaré El Niño: va de pantalón de combate y torso desnudo; es muy delgado, pecho hundido, más bien feo, medio pelado.

El Capitán, de cuerpo enorme, está en una de las mesas. Lleva casco y fusil. Bigotes negros y poblados. Un aire melancólico.

Se oye un ruido atronador. El Capitán no se inmuta. El Niño acusa recibo sin sobresaltarse, casi aburrido. Se restablece el silencio. El Niño remeda la detonación.

EL NIÑO – ¡Prrrr! *(Ríe. Pausa. Al Capitán.)* Cansado. *(Pausa.)* De guardia, ¿verdad? *(Pausa.)* Necesita dormir. *(Pausa.)* Aunque no es cierto que el sueño repare. Es sólo una distracción. Vulgariza la vida. Como el alcohol. *(Pausa.)* ¿Le sirvo algo?: ¿licor? ¿coñac? Tengo Bailey's. Se lo recomiendo. *(Mientras sirve una copa.)* Es milagroso. Por lo menos para mi madre lo era. Y eso que la angustia y el desasosiego eran para ella como el aire que respiraba. Sin embargo, una copita de Bailey's y lo olvidaba todo: salía y se traía a casa al primero que encontraba. Algo repugnante. A la mañana siguiente era espantoso verla.

Le alcanza la copa al Capitán. Éste la bebe de un trago.

CAPITÁN – Una madre adicta.

EL NIÑO – Patético. Aunque no me enorgullezco. ¿Otra copita?

CAPITÁN – No, gracias. Debe ser hora del relevo.

EL NIÑO – ¿Ya se va? Qué pena. Hay ese algo tan melancólico en el aire a esta hora. Y a usted se lo ve espléndido ahí, bajo esta haz. Además, me debe trescientos cuarenta y seis dólares; no sé cuándo pensará pagármelos. *(Pausa.)* En fin. El último cliente. Habrá que cerrar.

CAPITÁN – ¿Qué habrá sido aquello?

EL NIÑO – ¿Qué, cosa?

CAPITÁN – Aquel ruido.

EL NIÑO – ¿Ruido?

CAPITÁN – Como una detonación. Varias detonaciones. *(Pausa.)* Todo me sobresalta. Tengo el alma hecha pedazos.

EL NIÑO – Y... estar en pie de guerra; esperar al enemigo: son cosas que destrozan los nervios de cualquiera.

Pausa.

CAPITÁN – Oiga: a veces, a esta hora, viene por aquí un sargento. Es rubio, muy tímido y callado.

EL NIÑO – ¿De azul?

CAPITÁN – Como el mar.

EL NIÑO – Y se desliza silencioso como un gato.

CAPITÁN – ¿Lo viste últimamente?

EL NIÑO – Ayer. Era esta hora cuando entró. No había nadie más que yo. Apenas se asomó por allí, y al instante, salió. No me dio tiempo a ofrecerle nada. No me debe dinero: un fantasma. Quién sabe si volverá.

CAPITÁN – No sé qué sentido tendría que lo hiciese. Tampoco esta vez me atrevería a hablarle. Él llega, se sienta en la barra, y a través del espejo me mira detenidamente aquí, entre las piernas. Esto no dura más que unos pocos minutos. Y yo quedo paralizado. Apenas si respiro. Y él lo sabe. Después corre a su tienda a masturbarse febrilmente recordando los contornos de mi bulto. Lo sé porque una vez lo seguí y lo espié por una abertura. Sé que no me vio. *(Pausa.)* No puedo borrar de mi mente esa imagen de debilidad y audacia. Pero yo no me masturbo. Estoy en contra de esas prácticas. Aunque creo que está empezando a hacerme daño. Sufro.

EL NIÑO – Y puede hacerle peor aún. Sé de algunos que han tenido alucinaciones. En general ven a San Sebastián, el gran mártir.

CAPITÁN – ¿San Sebastián? Es una figura consoladora, pero no he llegado a eso aún.

Pausa.

EL NIÑO – No sé qué decir.

CAPITÁN – No digas nada. No creo que tenga remedio.

EL NIÑO – Podría masturbarlo yo.

CAPITÁN – No. No serviría.

EL NIÑO – Bueno, quizá suene a vanidad, pero aunque no lo parezca tengo un culo soberbio. Eso ayudaría.

CAPITÁN – Gracias. Pero no.

EL NIÑO – ¿Otro trago?

Ingresa Patterson, acompañado por el Soldado. Capotes, fusiles. Están sucios y mojados. Los borceguíes embarrados. Traen unos desechos sanguinolentos envueltos en trapos y trozos de plástico. El Capitán los recibe con alguna sorpresa.

CAPITÁN – ¡Patterson!

PATTERSON – *(Al Soldado.)* Ayudáme con esto. *(El Soldado ayuda a Patterson a quitarse el capote y el casco. Por los desechos.)* Puesto tres. ¿Sabés quién es?

CAPITÁN – ¿Miguel Ángel?

PATTERSON – Por eso salí. Oí los disparos.

CAPITÁN – *(Al Niño.)* ¿Ves? Eran disparos.

PATTERSON – Lo encontré así. Se vació el cargador de la metralla justo debajo de la mandíbula. Algo típico. Vomité ahí mismo. Tuve que reemplazarte. ¿Qué estás haciendo acá? Estas muertes sin explicación nos demoran y retienen en este inmundo páramo. Y esto sólo traerá más ansiedad y más muertes inexplicables. Capitán, necesitamos movimiento si no queremos… Claro que si se tratara de un ataque es de una estrategia diabólica e indescifrable. ¿Y bajo qué pretexto movilizarnos sin que sea leído como un acto de cobardía? Estamos en una encrucijada.

CAPITÁN – Es que yo... No puedo. No en este momento.

PATTERSON – Cristian: no podés estar todo el tiempo pendiente de una criatura. Esto es una guerra.

CAPITÁN – No me censures.

PATTERSON – No te censuro. Pero no te está haciendo bien. Se está convirtiendo en obsesión.

CAPITÁN – Estoy enamorado.

PATTERSON – No podés saberlo. Estamos solos. El tiempo es pésimo. Y éste es el único bar en la zona. No se puede hablar de amor en estas condiciones.

CAPITÁN – ¿Por qué no? ¿Qué sabés vos?

PATTERSON – Que amar es sólo alimentar vagas e inciertas esperanzas, que no sirven sino para ponernos en ridículo. Más cuando ni siquiera conocés sus preferencias sexuales. Debiste ser precavido. Como yo. Me traje esto. Algo negro y bien formado. Canta además. *(Golpea al Soldado. Bestial.)* ¡Presentáte, infeliz!

SOLDADO – Buenas noches, mi capitán.

CAPITÁN – ¿De modo que canta, soldado?

SOLDADO – Afirmativo, mi capitán.

PATTERSON – Mirá esas piernas. Será raso, pero con los tiempos que corren... el cadetaje viene cada vez más afeminado. Y no lo tolero.

CAPITÁN – Quizás el enemigo.

PATTERSON – El enemigo. Empiezo a pensar que no es más que un sueño. Ay, Europa, Europa. ¿Hasta cuándo te esperaremos? Este, por lo pronto, es una buena ración de carne. Oscura y sabrosa. *(Al Soldado.)* Por lo demás, te tiraría a los perros, esclavo traidor; jamás me aprenderé tu nombre. *(Al Capitán.)* ¿Lo querés?

CAPITÁN – ¿Qué?

PATTERSON – ¡Soldado! Mostrale algo al capitán. *(El Soldado se toma la entrepierna y las nalgas con ambas manos, mirando al Capitán. Patterson ríe.)*

¿No es pintoresco? Le tengo prohibido eyacular. Por eso está siempre dispuesto. Lo que se llama un buen soldado.

SOLDADO – ¿Quiere, mi capitán? Yo sí quiero. Yo siempre quiero.

PATTERSON – *(Furioso.)* ¡Querés siempre que yo quiera, enfermo mental! *(Simpático, de pronto.)* Y ahora quiero, porque el capitán es mi amigo.

CAPITÁN – No, Patterson.

PATTERSON – ¿Por qué? Estás tenso. Te va a hacer bien.

EL NIÑO – Es lo que yo le vengo diciendo.

CAPITÁN – Déjenme en paz.

PATTERSON – ¿Quién es éste?

CAPITÁN – No sé. El mozo.

PATTERSON – ¿Cómo el mozo? ¿De dónde salió? Es la primera vez que lo veo.

EL NIÑO – Es la primera vez que me mira. ¿El teniente va a servirse algo? Tengo Bailey's.

Le muestra la botella.

PATTERSON – ¿Bailey's? Adoro ese licor. *(Al Capitán.)* Insisto, capitán. No se va a arrepentir. Una mamada aunque sea. Después me lo ya a agradecer. Al principio raspaba un poco con los dientes; pero ahora, desde que le hice extraer los del maxilar superior, lo suyo es auténtica succión.

El Niño le sirve licor a Patterson. Éste bebe.

SOLDADO – Es cierto. Finalmente aprendí a utilizar exclusivamente la parte posterior de la cavidad bucal. Además, tengo bastante pronunciado el labio superior; por eso no se nota lo de los dientes, salvo en el ceceo. ¿Una probadita?

Intenta arrodillarse frente al Capitán, pero Patterson lo muele a golpes.

PATTERSON – ¡Acá no, bestial ¿O te creés que somos perros? ¡Al cuartito!

CAPITÁN – Basta, se los suplico. ¿Es que no entienden? ¡Mis glándulas están perfectamente bien!

Es el corazón el que tengo destrozado. ¡Déjenme tranquilo! ¡Todos!

Se retira hasta un rincón y se ensimisma angustiado.

EL NIÑO – Qué barbaridad. Tiene los nervios a la miseria.

PATTERSON – Y a mí, de tanto hablar... ¡Soldado!

SOLDADO – ¿Sí, mi teniente?

Patterson le hace una seña El Soldado se dispone. Al Niño.

PATTERSON – Me llevo la botella. La tapita también. *(Al Soldado.)* Quiero probar algo.

SOLDADO – *(Saliendo.)* Me gustó lo de los perros.

PATTERSON – *(Saliendo.)* A mí también. ¿O por qué pensás que lo dije? *(Al Capitán.)* Ya venimos. *(Dándole una tremenda patada en el culo al Soldado.)* ¡Caminá!

El Soldado sale ayudado por el impulso. Patterson, con la botella, lo sigue. El Niño anota en una libreta.

EL NIÑO – Patterson: una botella de Bailey's. Con tapita. Doscientos cuarenta. *(Ingresa Julián. Es rubio. Va de marinero con shorts. Camina lentamente. Todo parece detenerse. Se desliza silencioso como un gato, sin mirar a nadie. Se sienta a la barra. Mira al Capitán a través del espejo. El Capitán no lo nota. El Niño lo hace, pero un momento después de que se ha acomodado.)* ¿Joven? *(Silencio.)* ¿Le sirvo algo? *(El Capitán gira y ve a Julián. Silencio.)* Bailey's en este momento no me queda. ¿Whisky tal vez? *(Silencio. Julián no parece oír. Mientras El Niño habla, Julián y el Capitán continúan mirándose sin prestarle atención. Julián se desabrocha la chaqueta.)* Tonto, bello, y cree que la noche fue creada para él. Como si la puerta a otra dimensión estuviese aquí mismo. Pero, claro, algo sucederá. Algo banal y cotidiano: una palabra por ejemplo. Mientras tanto, se miran, se vigilan, absortos y únicos. Como dos enemigos. *(Lo mira detenidamente un instante más.)* Ya pasó. *(Pausa.)*

En fin. No consumen; está bien. Fío; cómo no. ¿Y cuándo cobro? Dios dirá. Después me preguntan por qué no duermo. *(Ingresa Patterson seguido por el Soldado. Al verlo, El Niño toma su libretita, tacha y luego anota.)* Patterson: una botella de Bailey's. Con tapita. Doscientos cuarenta mil.

PATTERSON – *(Al Soldado.)* Mañana hablo con el cirujano. Algo vamos a poder hacer con esas articulaciones.

Se interrumpe al ver a Julián.

JULIÁN – ¿Teniente?

PATTERSON – Julián.

Pausa.

CAPITÁN – ¿Se... conocían?

PATTERSON – Julián fue dragoneante de mi compañía en el Uno hace algunas temporadas. Lo convencí de que se iniciase en la carrera.

EL NIÑO – El Uno. Hmn... debió ser exquisito verlo con la galera y la pluma blanca, realzando ese cuello delicioso.

PATTERSON – Luego yo fui trasladado. Pasó mucho tiempo. ¿Venís a menudo por aquí?

JULIÁN – En realidad no. Yo... Creí oír disparos. Pensé que por fin había llegado.

EL NIÑO – No. No llegó.

JULIÁN – Ah. *(A Patterson, por El Niño.)* ¿Quién es?

PATTERSON – El mozo, creo.

Pausa.

JULIÁN – Ah. *(Pausa.)* Bueno. Ya me iba. *(Ve los restos de Miguel Ángel.)* ¿Qué? ¿Otro?

PATTERSON – Miguel Ángel.

JULIÁN – No es posible.

PATTERSON – ¿Quién entiende esa manía, no?

CAPITÁN – El quinto ya.

PATTERSON – Habrá que enfrentarlo. Es un síntoma.

JULIÁN – ¿También hubo inscripción?

PATTERSON – Un motivo equivalente.

CAPITÁN – ¿Qué inscripción?

Patterson hace un dibujo con el dedo en la mesa.

JULIÁN – Lo dibujan con su propio semen; al escarcharse brilla en la oscuridad con una tonalidad amarillenta, hepática.

PATTERSON – Nadie se atreve a borrarlos. Creo que todos somos conscientes que de una u otra forma se está escribiendo una página de la historia.

Silencio. El Capitán repite en el aire el dibujo que hiciera Patterson.

CAPITÁN – ¿Y qué significa?

PATTERSON – Cómo, saberlo.

CAPITÁN – ¿Siempre el mismo? Motivo, digo.

JULIÁN – Quizá sea una advertencia. O un gesto místico; algún tipo de revelación divina, justo antes de morir.

PATTERSON – Es posible que alguno de ellos haya mencionado algo antes de... ¿Alguien entre nosotros tuvo intimidad con alguna de las víctimas? *(Todos se miran.)* ¿Sargento? *(Julián baja la vista.)* Capitán; sé que usted sentía una afección bastante...

CAPITÁN – *(Casi enojado.)* ¿Y quién no amó a Miguel Ángel?

PATTERSON – Todos. Es verdad.

CAPITÁN – Aunque nunca tuvimos oportunidad de mantener una conversación personal, por así decirlo.

PATTERSON – Tengo una imagen. Voy a describirla. Las duchas. Miguel, desnudo, brillante. Lamiéndose los brazos como un león.

EL NIÑO – Ese era Román, no Miguel Ángel.

PATTERSON – ¿Román? *(Duda.)* Es posible.

Se oye una detonación. Todos se sobresaltan.

EL NIÑO – ¿Sexto?

Se oyen otras once detonaciones. El Niño anota algo en su libreta. Silencio.

CAPITÁN – Esto está terminando con la poca presencia de ánimo que me resta. *(Silencio.)* Habrá que ir a fijarse.

JULIÁN – Voy yo.

CAPITÁN – Deje. Después voy yo. Es mi ronda de relevo después de todo.

JULIÁN – Quiero hacerlo.

CAPITÁN – No es urgente. No va a irse de ahí.

PATTERSON – Si quiere ir, dejálo ir. *(Pausa. A Julián.)* Vaya, sargento.

Julián va a salir.

CAPITÁN – Sargento.

JULIÁN – ¿Sí?

CAPITÁN – Acérquese. *(Julián lo hace. Permanecen un momento enfrentados en silencio.)* Vaya. *(Julián gira para marcharse. Cuando el Capitán lo tiene de espaldas le hunde una mano en el culo. Julián se detiene sin volverse y luego sale. El Capitán permanece mirándose la mano. Luego se miran con Patterson. El Capitán va hasta la barra.)* Hay que ver si tiene luz suficiente allá afuera. No llevó linterna.

Patterson se deja caer en una silla. Al Soldado.

PATTERSON – Quiero que cantes para mí. *(El Soldado entona "Una casi imperceptible Melodía".)* El cielo es como una caparazón gris. Inmensa y opaca. Ese arriba plomizo y el sonido agudo del viento me hacen pensar en espejos enfrentados, círculos concéntricos; y eso me aterra. Sabía que noches así de largas serían pesadillas insoportables para mí. No puedo darme el lujo del terror. *(Mientras tanto El Niño está juntando los restos de Miguel Ángel y llevándolos detrás del mostrador.)*

Pausa.

CAPITÁN – Patterson…

PATTERSON – ¿Sí? *(Pausa.)* Te escucho.

CAPITÁN – Hay algo que tengo que decirte.

PATTERSON – Es él ¿verdad?

CAPITÁN – Sí.

PATTERSON – Está bien. Debí imaginarlo.

Pausa.

CAPITÁN – También vi cómo lo miraste.

Patterson, de pronto, furioso, al Soldado.

PATTERSON – ¡¿Qué porquería es ésa, soldado?!

SOLDADO – ¿Cuál, mi teniente?

PATTERSON – ¿Cómo cuál? ¡Desafinaste, perro mal parido! ¿Qué querés? ¿Pudrirme los oídos, sapo mal agradecido? *(Al Capitán.)* Desafinó. No estoy inventando.

CAPITÁN – Se le desvió un poco el ojo izquierdo también.

SOLDADO – Tengo escalofríos, mi teniente. Creo que ha vuelto la fiebre. Ya no lo puedo manejar.

PATTERSON – Andá afuera. Y sacáte los borceguíes. Pero no te quedes demasiado. La sangre se enfría y se calienta rápido, ya sabés. Ojo con tocarte. *(El Soldado sale.)* Temo que empiece a convulsionar. Voy a tener que pensar algo. ¡Mozo! ¿Dónde se metió? ¡Mozo! *(Reaparece El Niño, con la boca ensangrentada, tragando rápidamente algo.)* ¿Qué es eso?

EL NIÑO – Nada.

PATTERSON – ¿Qué tenés ahí?

EL NIÑO – ¿Dónde?

PATTERSON – Ahí. ¿Qué estás comiendo?

EL NIÑO – Nada.

PATTERSON – Traéme algo.

EL NIÑO – Algo como qué.

PATTERSON – Para tomar, imbécil. ¿Qué más voy a querer de vos? ¡Y desaparecé de mi vista! *(El Niño desaparece tras el mostrador.)* Qué cuerpo horrible tiene. ¿Quién pudo otorgarle la concesión?

CAPITÁN – ¿Tuviste algo con él verdad?

PATTERSON – ¿Con el mozo?

CAPITÁN – No te hagas el estúpido, Patterson. Mejor sería que lo hablemos.

PATTERSON – Lo mejor sería que te dieras una buena frotada. Estás empezando a delirar, Cristian. *(Vuelve a aparecer El Niño. Le sirve a Patterson. Al Capitán.)* Dejá de mirarme de esa forma. *(Cediendo finalmente.)* Está bien. Estuvo atrás mío durante un tiempo. Fue hace años. Prefiero no recordarlo.

Supongo que está libre, si es eso lo que te preocupa; aunque no creo que sea garantía de nada.

Silencio.

CAPITÁN – Quiero que me mates, Patterson. *(Patterson lo mira.)* Eché a perder todo. Me lo merezco.

PATTERSON – ¿Qué cosa?

CAPITÁN – ¿Por qué no nos bombardean de una vez y volamos despedazados por el aire?

PATTERSON – Callate.

CAPITÁN – Matáme. Y tomá el mando. Lo dijiste hace un momento. Hay que movilizarse. Tomar decisiones. *(Llamando al Niño.)* ¡Muchacho! *(A Patterson.)* Yo soy incapaz. Ya viste a lo que estoy sometido.

PATTERSON – Te pedí que te callaras, Cristian.

EL NIÑO – *(Al Capitán.)* ¿Le sirvo algo, capitán?

CAPITÁN – Un té.

EL NIÑO – ¿Solo?

CAPITÁN – Bien caliente. *(A Patterson.)* Si supieras por lo que estoy pasando, lo entenderías.

PATTERSON – Conocés mi opinión al respecto. Y quiero que terminemos ya con esta conversación.

EL NIÑO – ¿Limón?

CAPITÁN – No.

EL NIÑO – ¿Edulcorante o azúcar?

CAPITÁN – ¡Un té dije! ¡Bien caliente!

EL NIÑO – *(Sirviéndole.)* Un té bien caliente. Servido.

El Capitán se derrama el agua hirviendo sobre la mano con que tocó a Julián. Grito ahogado.

PATTERSON – ¿Qué hacés?

CAPITÁN – Necesito vendas.

PATTERSON – *(Al Niño.)* ¿Qué te quedás mirando, retardado? ¡Te pidió vendas!

EL NIÑO – Vendas, vendas, vendas... Las nacionales se me terminaron hace un minuto. Pero creo que tengo algo por alguna parte... A ver, a ver...

CAPITÁN – Para los reclutas es tan fácil. Morir digo. Están allí afuera, desprotegidos. Solos. No aman a nadie.

EL NIÑO – Tal vez alguien los esté asesinando.

PATTERSON – ¿Qué?

EL NIÑO – Que quizá estén siendo asesinados. Digo, Miguel Ángel y los otros.

PATTERSON – ¿Qué taradez estás diciendo?

EL NIÑO – No hay señales del enemigo. Y doce disparos contra la base del cráneo es algo excesivo para que se trate de suicidio.

CAPITÁN – ¿Estás sugiriendo que entre nosotros hay un asesino?

EL NIÑO – No.

PATTERSON – Siendo que sos quien atiende el local, no me extrañaría que fueses vos el que los está ejecutando. Si nos trasladásemos, te quedarías sin clientes. Y apurate con las vendas ¿querés?

EL NIÑO – Bueno, si los mato es posible que también me quede sin clientes, ¿no?

PATTERSON – Vos sos un cobarde degenerado; ninguna aberración que hicieses me extrañaría.

EL NIÑO – A veces no es voluntad sino ideas lo que falta. *(Encuentra las vendas.)* ¡Acá están! Son una partida especial, no sé si...

PATTERSON – ¿No sabés qué? ¡Dáselas!

EL NIÑO – Quiero decir que son importadas. Es un algodón tratado a base de cápsulas de gel que absorben y cauterizan la herida de forma instantánea. Son únicas. Así cuestan también. Y como el capitán tiene el crédito algo recargadito...

PATTERSON – ¡Dáselas de una vez!

EL NIÑO – Está bien. ¿En qué cuenta lo anoto?

PATTERSON – En cualquiera, idiota.

EL NIÑO – Cómo no. *(Le entrega las vendas. Patterson comienza a vendar la mano del Capitán. El Niño toma su libreta y anota.)* Capitán... un paquete de vendas importadas última generación... ciento doce mil.

PATTERSON – No tenés que desmoralizarte, Cristian. Todavía te necesitamos.

CAPITÁN – ¿A mí? Si hago todo mal.

EL NIÑO – *(Anotando.)* Teniente Patterson... un paquete de vendas importadas última generación... ciento doce mil.

PATTERSON – ¿Y vos qué estás anotando?

EL NIÑO – ¿Yo? Números.

PATTERSON – ¿Qué números?

EL NIÑO – *(Mirando su anotación.)* Bueno: el uno, el dos. El cero más que nada.

PATTERSON – ¿Me estás tomando el pelo?

EL NIÑO – Un poco sí, en realidad. Pero no se aflija, no es con usted. Es un problema mío. No lo puedo controlar.

PATTERSON – ¿Sabés qué? Termino de vendar al capitán y te asesino.

EL NIÑO – Usted en realidad no es así, teniente.

PATTERSON – ¿Así cómo?

EL NIÑO – Así.

PATTERSON – ¿Y qué sabés vos?

Entra el Soldado, descalzo, con los borceguíes en la mano, extasiado.

SOLDADO – ¡Llegó!

Nadie le hace caso. Patterson continúa mirando a El Niño.

PATTERSON – ¿Quién te habló de mí? ¿Qué más sabés?

SOLDADO – Llegó. Teniente, capitán; llegó.

PATTERSON – ¿Quién te preguntó algo? ¿No te das cuenta de que estoy hablando? Ponete esos borceguíes y dejá de reírte como un tarado, ¿querés?

SOLDADO – ¡Es que llegó!

PATTERSON – ¿Quién? ¿Quién llegó?

SOLDADO – Europa. Finalmente llegó.

Silencio. El impacto de la noticia es altamente visible. Patterson y el Capitán se miran emocionados.

PATTERSON – ¿Europa?

SOLDADO – Sí.

PATTERSON – ¿Y cómo es?

SOLDADO – Mejor de lo que imaginábamos.

Se desploma sin sentido.

PATTERSON – ¡Soldado! *(Corre hasta él. El Niño también lo hace. Éste le toma el pulso, lo toca en distintas partes del cuerpo. Finalmente con docta determinación coloca la mano en la entrepierna del Soldado.)* ¿Muerto?

EL NIÑO – No. Testosterona. Un shock por sobresaturación. Los testículos parecen rulemanes.

Por el fondo, irrumpen los Escoltas. Son inmensos, brutales. Ingresan con violencia, gritando y portando armas fabulosas. Llevan arneses y correas de cuero que enganchan con largas riendas que se prolongan hacia afuera, por donde entraron.

Patterson y el Capitán se arrojan cuerpo a tierra. El Niño se esconde detrás del mostrador. Los Escoltas, al comprobar que el terreno está dominado, avanzan y hacen aparecer, arrastrándolo, una especie de trineo-trono. Sentado sobre él, Europa –al que además daremos el nombre de Jim–, que aparece como un dios de visita entre los hombres.

Es rubio, alto. Lleva un tapado de piel largo. En sus brazos, Julián desmayado. Luego de echar una mirada por el lugar, se levanta de su asiento. Se quita el tapado. Uno de los Escoltas se apresura a tomarlo. Jim lleva botas; un pantalón ajustado y provocativo: una chaqueta cruzada color rojo; debajo una camisa blanca, inmaculada. Pone una mano en un bolsillo, saca un cigarrillo y se lo lleva a la boca. Uno de los Escoltas se acerca a Jim y le convida fuego. Jim fuma. Se pasea por el lugar. Patterson y el Capitán susurran.

PATTERSON – Me pregunto qué shampoo usará.

CAPITÁN – Y ese traje. Fijáte los colores. Vivos y desafiantes.

PATTERSON – Y qué bien huelen.

Jim hace una seña. Los Escoltas se ponen en posición de firmes.

Jim entona el "Himno del Invasor". Los Escoltas lo acompañan a modo de coro.

Cuando el Himno finaliza, Jim hace un gesto. Los Escoltas cargan las armas y van hasta donde están Patterson y el Capitán; los hacen poner de pie como a niños. Patterson y el Capitán se muestran sumisos. los Escoltas los observan.

CAPITÁN – ¿Sentís el miedo, Patterson?

PATTERSON – No te muevas.

CAPITÁN – Esto me fascina.

PATTERSON – Calláte. Y no te muevas.

CAPITÁN – No me muevo. Pero estoy completamente transpirado. Y la herida me late.

Jim hace otro gesto. El Capitán y Patterson se estremecen esperando lo peor. Pero los Escoltas se vuelven hacia El Niño. Se encaminan hacia él. Jim también se acerca a él y le tiende unos papeles. Uno de los Escoltas pone sobre el mostrador un pequeño y pesado cofre y lo abre para que El Niño verifique el contenido. Éste no puede disimular su sorpresa y deja escapar una sonrisa que reprime rápidamente. Patterson y el Capitán intentan espiar dentro del cofre sin lograrlo. El Niño lo cierra. Mira a Jim y luego de tomarse todo el tiempo que necesita, asiente.

EL NIÑO – Muy bien. *(El Niño guarda el cofre. Saca una llave de un casillero. Hace un gesto a los extranjeros.)* Acompáñenme.

Conduce a Jim y a uno de los Escoltas que se ha cargado a Julián en brazos. Pasan una puerta. El otro Escolta se coloca el arma en bandolera y se acerca al trineo-trono. Quita trabas y candados enormes, revelándolo como un singular baúl. Lo abre. Busca dentro. Finalmente saca algunos extraños y amenazantes instrumentos metálicos. Se dirige con ellos hasta la puerta por donde salieran Jim y Julián. Golpea. La puerta se abre, sale El Niño, y asomando, una mano enguantada en cuero hasta el codo que toma los instrumentos. La puerta vuelve a cerrarse. El Capitán sufre un acceso de frenética exaltación.

CAPITÁN – ¡Oh Dios, oh Dios; amo el ejército! ¡Amo la guerra! ¡Quiero cortarme un brazo! ¡Quiero perder un miembro de mi cuerpo! ¡Soldado: si no estuvieras medio muerto te obligaría a rebanarme este brazo de un golpe! ¡Mozo! ¡Licor! ¡Quiero frotármelo por el cuerpo! ¡Veinte anzuelos clavados en mi cuerpo! ¡Sí! ¡Resistiré! ¡No me harán hablar! ¡Jamás revelaré nuestros planes, nuestras tácticas ni nuestros turnos de guardia! ¡Esto era la guerra! ¡Sí! ¡Un brazo quiero dejar enterrado en esta tierra bendita y por más que flamee la bandera rubia habrá aquí un gusano royendo mi carne como un corazón que late más hondo y más fuerte que ningún himno! ¡Europa! ¡Europa! ¡El próximo soy yo!

EL NIÑO – *(Que ha estado leyendo los papeles que Jim le entregara.)* Se llama Jim.

PATTERSON – ¿Jim?

EL NIÑO – Jim. Hace días que estaban vigilándonos. Fue un ataque sorpresivo. Contaban con nuestro agotamiento. Y la escasez de recursos.

PATTERSON – ¿Ya estamos vencidos entonces?

EL NIÑO – Habrá una ronda de deliberaciones se supone. Además hay un rescate a negociar. No creo que todo sea tan sencillo como vencer o ser vencidos Por lo menos es lo que explica este folleto. Notable la calidad de impresión. A color. Habla también de la carrera de Jim. Se destacó como atleta en varias competiciones amateurs y tiene un doctorado en derecho internacional. Hay algunas fotos interesantes. No puede decirse que nos hayan subestimado.

PATTERSON – Dame eso. *(Le quita el folleto.)*

Se oye de pronto un aterrador aullido que viene de donde estarían Jim y Julián. Todos atienden. El Escolta se pone de pie. Se oye otro grito. El Capitán va hasta la puerta de Jim y espía por el ojo de la cerradura.

CAPITÁN – ¡Julián! ¡Julián! ¡Lo estoy viendo! ¡Lo estoy viendo todo! ¡Me gusta! ¡Me gusta!

Se desabrocha la chaqueta y se frota el pecho. Se escuchan más ruidos. El Escolta va hasta el baúl y saca unos frascos. Los abre y se unta los brazos y las manos con un ungüento aceitoso. Se pone de pie, mira a Patterson y lanza un aullido guerrero. Se encamina hacia él.

PATTERSON – ¿Qué, quiere? ¿Qué va a hacerme?

El Escolta comienza a perseguir a Patterson. De dentro se oyen nuevos gritos. El Capitán, que continúa mirando por el ojo de la cerradura, se espanta. Intenta abrir la puerta.

CAPITÁN – ¡No! ¿Qué te hace? ¿Qué te está haciendo? ¡Julián! ¡Que pare! ¡Háganlo que pare! ¡Patterson, ayudáme! ¡¡Patterson!!

PATTERSON – ¡No se me acerque!

El Capitán vuelve a mirar por el ojo de la cerradura.

CAPITÁN – ¡Julián, no! ¡No le permitas! ¡Las costillas no! ¡Las costillas no!

Tironea infructuosamente del picaporte. El Escolta continúa acechando a Patterson. Éste intenta ahuyentarlo.

PATTERSON – ¡Fuera! ¡Lejos! ¡Fuera!

El Niño enciende un cigarrillo. Observa con detenimiento la situación.

EL NIÑO – Va a empeorar. Todo va a empeorar.

Fin de la primera secuencia.

Dos

El Capitán, Patterson, El Niño, los Escoltas, el Soldado.

El Capitán está terminando de ponerse un impecable uniforme de gala. Como tiene una mano vendada, Patterson le presta ayuda. En este momento está de rodillas, cosiéndole, sobre el pantalón puesto, un botón de la bragueta.

A ambos, ahora, se los ve limpios, afeitados, engo-
minados: luminosos.

En una de las mesas, El Niño juega a las cartas
con los Escoltas. El Niño está tomando un trago en un
vaso altísimo coronado con una sombrillita de colo-
res. Juegan en silencio. Los Escoltas sostienen sólo tres
o cuatro cartas cada uno. El Niño enarbola el resto
del mazo. Son tantas sus cartas que se le caen y se le
traspapelan. Los Escoltas miran sus cartas y se miran
entre ellos sin saber muy bien de qué se trata. En el
piso, al lado de El Niño, el cofre.

En algún lugar, aún sin conocimiento, el Soldado.

El Capitán enumera lo que tiene puesto y lo que
aún le resta.

CAPITÁN – Camisa blanca. Chaquetilla. Medias
negras. Botas. Cinturón dorado. Hombreras. Broche.
Cordón de gusanillo de oro y lentejuelas. Serreta.
Martingala. Susón de entalle. Guantes. Bandolera.
Dragona. Tiros. Sable. Escudo de honor. Correaje.
Faja. Galera. Condecoraciones. Alfiler. Alfiler, alfiler...
(Busca. Pausa.) ¿Dónde está mi alfiler? El cuello
endurecido es imposible sin alfiler. *(Patterson ríe
burlón.)* Tenés que entender, Patterson, que es esencial, ¿me estás oyendo, Patterson?; es esencial que vis-
tamos el uniforme que corresponde a una deliberación entre altos mandos. Somos los únicos oficiales
de campaña. Sufrimos un ataque sorpresivo; y nos
dejamos impresionar; bien. Nuestra moral no estaba
en su punto óptimo, lo admito. Es sabido que nuestra naturaleza es primordialmente de debilidad. Pero
ahora es nuestro turno. Y no vamos a dejarnos ganar
por el desánimo ni a deslumbrarnos por una chaqueta ajustada. Me enorgullezco de mi rival, me enorgullezco de mi investidura. ¿Pero dónde pude haber
puesto ese alfiler? Te suplico, Patterson, que los hilos
del botón queden en líneas paralelas y no cruzados.
(Mimando un movimiento circular de costura.)
Entra, sale. Entra, sale. *(Al Niño.)* ¡Querido!

EL NIÑO – ¿Capitán?

CAPITÁN – ¿Está lista mi capa?

EL NIÑO – Sí.

CAPITÁN – ¿Planchada sin dobleces como te pedí?

EL NIÑO – Un segundo, se lo suplico, capitán. Me tocó una mano maravillosa.

CAPITÁN – No tenemos toda la noche.

EL NIÑO – ¿Cómo lo sabe?

CAPITÁN – La deliberación para el rescate puede comenzar en cualquier momento.

EL NIÑO – Cualquier momento es casi la eternidad, y yo estoy a punto de recuperar en una sola mano lo que perdí en apenas dos horas de juego. *(Enarbolando algo invisible.)* Y acá tiene su alfiler. *(Patterson va hasta El Niño, toma el alfiler y se lo entrega al Capitán. Este lo toma y empieza a luchar con su cuello. El Niño vuelve al juego. Toma un enorme puñado de monedas del cofre y lo coloca sobre la mesa.)* ¡Apuesto ciento veinticinco! *(Se detiene, dudando.)* No, un momento. *(Se endereza un poco en su asiento y mira con descaro las cartas de los Escoltas. Tomando otro puñado de monedas, se corrige.)* ¡Doscientos veinticinco! *(Duda nuevamente. Finalmente vacía sobre la mesa lo que queda en el cofre –que ya no es mucho–.)* ¡Y eso! *(Sonríe. Los Escoltas se miran.)* No irán a acobardarse ¿no? *(Los Escoltas, después de vacilar, aceptan la apuesta y ponen el dinero sobre la mesa. El Niño disfruta del suspenso.)* ¡Ay, qué nervios...! Veamos, veamos... *(Baja sus muchas cartas. Se aplaude.)* ¡Vean qué juego! ¡Vean qué juego! *(A los Escoltas.)* Vamos, muestren. *(Los Escoltas ponen sus cartas sobre la mesa. El Niño mira. Su felicidad se esfuma instantáneamente.)* Maldición. Volví a perder. *(Los Escoltas juntan el dinero. El Niño se pone de pie.)* ¿Decía, capitán?

CAPITÁN – La capa.

El Niño saca una percha con una capa blanca colgada. Extendiéndosela.

EL NIÑO – Planchada y en su percha, como indica el reglamento. *(Le extiende un papel.)* Y este es un

139

resumen del estado de su cuenta hasta la fecha, servicio de valet incluido. No es que quiera importunarlo; pero esto es una guerra. Y eso quiere decir que pueden matarlo en cualquier momento. O llevarlo prisionero. O que se convierta en un héroe. En cualquiera de los casos dudo que esté entonces dispuesto a pagarme. Y yo soy sólo el mozo. No puedo olvidarlo. No lo olvide usted.

CAPITÁN – *(Por el papel.)* No entiendo qué dice acá. *(Se lo tiende a Patterson.)*

El Niño salta por encima del mostrador y se coloca detrás, disponiéndose a atender a "la clientela".

EL NIÑO – ¡¿Quién más está sin atender?! *(Pausa.)* ¡Bah! ¿Cómo pude suponer nunca que éste sería un gran negocio?

PATTERSON – *(Por el papel.)* Esto es una estafa.

EL NIÑO – ¿Cómo una estafa? La lista de precios siempre estuvo a disposición de la clientela.

PATTERSON – No coincide ningún número. Y estas sumas no se entienden.

EL NIÑO – No son sumas. Teniente, me extraña que justamente usted no se dé cuenta. La situación es crítica. La bodega está ya casi vacía. ¿Qué puedo hacer yo? Sin libremercado no hay soberanía. Quién sabe cuándo vendrán los importadores a sacarnos de este pantano financiero.

CAPITÁN – Estamos en uno de los momentos cruciales de la campaña. Es ridículo hablar de esos asuntos ahora.

EL NIÑO – No hay nada que hablar. Yo por usted, capitán, pondría las manos en el fuego, créame. Pero una cosa es la confianza, y otra muy distinta la caja registradora.

CAPITÁN – No entiendo,

EL NIÑO – Imagínense si llega el dueño.

CAPITÁN – ¿Qué dueño?

EL NIÑO – No es tan fácil saberlo. Depende.

CAPITÁN – ¿De qué?

EL NIÑO – Del que gane.

PATTERSON – No le hagas caso, Cristian; es imposible razonar con él.

El Capitán ha terminado de vestirse.

CAPITÁN – ¿Cómo me veo?

EL NIÑO – Glamoroso.

CAPITÁN – ¿Patterson?

PATTERSON – ¿Para qué me preguntás? Sabés que te queda espléndido.

CAPITÁN – Vos mejor sería que te apuraras.

PATTERSON – No sé por qué tenemos que usar esto.

CAPITÁN – Protocolo, Patterson.

PATTERSON – ¡Protocolo! Es absurdo: con lo pésimo que me va el blanco.

De mala gana Patterson comienza a arreglarse.

CAPITÁN – *(Al Niño.)* Este lugar está hecho una porquería. Un plumero podrías pasarle aunque sea.

El Niño ríe.

EL NIÑO – ¿Limpiar, yo? ¿Se volvió loco?

PATTERSON – *(Al Capitán.)* No entiendo qué te tiene tan entusiasmado.

CAPITÁN – Ahí dentro hay algo que es nuestro.

PATTERSON – Carroña, probablemente.

CAPITÁN – Patterson: Julián, vivo o muerto, es un estandarte. Y es a una bandera a la que préstamos juramento, no al que la sostiene. Además, no veo qué te puede hacer pensar que esté muerto.

PATTERSON – *(Por la chaqueta que se está poniendo.)* Esto me tira de sisa. No voy a poder levantar los brazos.

CAPITÁN – ¿Pensás rendirte?

PATTERSON – Quién sabe.

CAPITÁN – Debo ser sincero con vos, Patterson. Y no es que quiera meterme en tus asuntos; pero fue tu responsabilidad: abusaste de ese pobre soldado.

PATTERSON – No fue mi responsabilidad. Él debía saber cuidarse solo.

CAPITÁN – Le diste órdenes fisiológicamente imposibles de cumplir.

PATTERSON – Era un juego.

CAPITÁN – No para él.

PATTERSON – ¿Cómo sabés?

CAPITÁN – Miralo. *(Lo miran.)* En el fondo sé que sos un sentimental, Patterson.

PATTERSON – ¿Yo? Vos no sabés nada de mí.

CAPITÁN – Hoy tuve un pensamiento profundo ¿sabés? Que este momento es único. Y eso es lo esencial. Todo lo demás carece de verdadera importancia. No se trata de triunfar. Se trata de estar. Morir, vamos a morir todos. Tarde o temprano. Eso es evidente. Pero cuando llegue, cuando nos toque el turno de despedirnos de esta miserable esfera, lo haremos sabiendo que estuvimos. *(Pausa.)* No pienso perdérmelo. *(Por el Soldado.)* El pobre se lo va a perder. Nosotros, Patterson, somos los privilegiados. *(Pausa.)* Oílo bien: estoy hablando de gozar.

Patterson ha terminado de vestirse.

PATTERSON – Terminado.

El Niño y el Capitán lo miran un momento. No saben qué decir. Efectivamente, el uniforme de gala le queda horrendo. Se abre la puerta del cuartito de Jim. El Capitán lo advierte.

CAPITÁN – Ahí viene. ¡Atención! *(El Capitán y Patterson se cuadran. Pero quien ingresa es Julián, recién bañado, envuelto en una bata de seda. Pantuflas. El Capitán y Patterson se desconciertan.)* ¿Sargento?

Julián elige una mesa. Uno de los Escoltas se acerca y le prepara la silla para que se siente. Julián lo hace. Mira de arriba abajo al Capitán y a Patterson.

JULIÁN – Se adornaron, veo.

CAPITÁN – ¿Estás bien, Julián?

JULIÁN – Sí. *(Le hace un gesto al Niño.)* Un Martini, por favor. *(El Niño lo prepara.)* ¿A qué jugaban?

EL NIÑO – De todo un poco.

JULIÁN – ¿Son buenos?

EL NIÑO – ¿Quiere jugar? Hágalo sin miedo. Son pésimos.

CAPITÁN – Estábamos preocupados.

JULIÁN – Estoy bien.

CAPITÁN – En realidad yo... vi lo que...

JULIÁN – ¿Esos gritos desaforados eran suyos entonces?

CAPITÁN – ¿Qué fue lo que pasó?

El Niño le sirve el Martini a Julián. Uno de los Escoltas se apresura a pagarle al Niño. Éste rechaza el dinero.

EL NIÑO – Por favor. Atención de la casa.

JULIÁN – Muchas gracias. *(Quitándole unas monedas al Escolta y entregándoselas al Niño.)* Dejále algo de propina al chico. *(Al NIÑO, por los ESCOLTAS.)* A propósito ¿sabés si juegan canasta?

EL NIÑO – Claro. Ellos juegan a lo que sea. *(A los Escoltas.)* Canasta. A cinco mil. El sargento es mano.

JULIÁN – Siento la suerte en la yema de los dedos. *(A los Escoltas.)* De todas formas, pienso hacerles trampa. Detesto perder.

Reparte cartas.

CAPITÁN – Sargento.

JULIÁN – Por favor, estoy ocupado ¿no ve?

PATTERSON – ¡Cuádrese, sargento, le está hablando su capitán!

Julián, algo hastiado, se vuelve hacia el Capitán.

JULIÁN – ¿Qué quiere?

CAPITÁN – Saber qué pasó.

JULIÁN – Me hicieron prisionero ¿es tan difícil de ver? *(Por el juego.)* Los tres rojos hay que bajarlos ¿verdad? Hace años que no juego.

EL NIÑO – Sí, acá, a su derecha. *(Le mira las cartas.)* Buen comienzo.

CAPITÁN – ¿Qué es toda esta estupidez, Julián?

JULIÁN – *(Al Niño.)* ¿Tiro ésta?

CAPITÁN – Julián, miráme.

Julián lo mira.

JULIÁN – ¿Qué?

CAPITÁN – No. Así no. Miráme como antes.

JULIÁN – ¿Como antes cuándo?

CAPITÁN – Como lo hacías antes. Cuando me mirabas a través del espejo. Acá abajo.

PATTERSON -- Dejálo, Cristian. No te sometas.

CAPITÁN – Dejáme vos a mí.

JULIÁN – Capitán. No sé cómo lo miraba antes. Supongo que entiendo a qué se refiere, pero ya no funciona. Estas cosas son así. Todos lo sabemos. Vivimos para aprenderlo.

CAPITÁN – ¿Qué fue lo que pasó, Julián? Vos... me desnudabas con la mirada... Me...

JULIÁN – Perdí la curiosidad.

CAPITÁN – No puedo imaginar esto sin vos.

JULIÁN – Presente batalla, capitán.

CAPITÁN – No podés hacerme esto, Julián. No es justo. Yo llegué a descuidar mis obligaciones por vos. Y fue por vos que dejé que murieran misteriosamente mis soldados. Cuando debía estar ahí para cuidar de ellos, permanecía en esa mesa, buscando el mejor ángulo para tus encendidas miradas. Sé dónde ibas y lo que hacías después de clavarme los ojos en este mismo lugar durante minutos enteros. ¿Pretendés que me olvide de todo eso?

JULIÁN – Todo se olvida.

CAPITÁN – Todavía puedo oír tus gemidos.

JULIÁN – Muy bien. Te lo concedo: fue hermoso mientras duró.

CAPITÁN – ¿Me lo concedés?

JULIÁN – Y ahora está terminado.

CAPITÁN – ¿No me amás entonces?

PATTERSON – Por favor, Cristian.

CAPITÁN – Que me lo diga. Si tiene el desparpajo, que me lo diga.

PATTERSON – Te estás poniendo en ridículo.

CAPITÁN – No me importa.

JULIÁN – Debería.

CAPITÁN – ¿Qué puedo perder ya?

JULIÁN – Cuando termine todo esto, pienso hacer declaraciones a la prensa. No me obligues a cambiar la impresión que me había formado de vos.

CAPITÁN – ¿Me amenazás?

JULIÁN – Te advierto solamente. Lo que fue, pertenece al pasado. Debiste disfrutarlo en su momento. Un segundo después siempre es tarde. Afortunadamente yo me di cuenta y pude darle un nuevo rumbo a mi vida. Soy joven y los jóvenes cambiamos a cada momento. ¿Qué perspectivas podía tener a tu lado? Vivimos en mundos diferentes: yo no soy un oficial y nunca llegaré a serlo. En cambio ahora el horizonte es claro, y no veo dónde termina. Si verdaderamente fuera amor lo tuyo, deberías alegrarte por mí.

CAPITÁN – ¿Y qué es eso tan maravilloso que creés que está frente a vos ahora?

JULIÁN – Pienso dedicarme a la actividad privada. Mi nueva vocación es demasiado vigorosa como para remitirla a un solo objetivo de muchos. Por lo pronto estoy aprendiendo el idioma, que es complicadísimo. *(Intercambia con los Escoltas un par de palabras en su ininteligible idioma.)* Al llegar, me instalaré en un piso con todas las comodidades, pero no ostentoso. Jim me hizo entender que voy a tener que trabajar para costear mis estudios.

PATTERSON – ¿Qué estudios?

JULIÁN – Escuela de Detectives.

CAPITÁN – ¿Scotland Yard?

EL NIÑO – Ahí sí que saben cómo encontrar a un asesino.

Julián reproduce en el aire el dibujo que hacen los soldados antes de morir. Ríe.

JULIÁN – ¿No es fantástico?

EL NIÑO – Suena bien interesante.

JULIÁN – Aunque todavía no sé si voy a terminar dedicándome a tareas de campo o a la investigación. Son tantas las posibilidades. Como verán algunas cosas están todavía en el aire; pero tampoco se puede cambiar de vida por completo en apenas un par de horas.

PATTERSON – Perro maldito. Nos estás traicionando.

JULIÁN – Según desde dónde se lo mire.

CAPITÁN – ¿Y qué opina Jim de todo esto?

JULIÁN – Con Jim mantendremos un vínculo libre y desprejuiciado. Él manejará discrecionalmente una selecta cartera de clientes para mí. A Jim le interesa mi futuro más que nada: que pueda hacerme un lugar en la vida. Es obvio que terminaré ganando muchísimo dinero. No obstante prefiero mantener un perfil bajo. Al fin y al cabo no se trata de una frivolidad pasajera; estoy hablando de mi porvenir. El mundo es algo maravilloso, Cristian; ¿por qué no vivir allí?

CAPITÁN – Porque tengo un deber: y es rescatarte; lo sabés.

JULIÁN – ¿Y podrás?

CAPITÁN – ¿Tenés dudas?

Julián larga una risita.

JULIÁN – No me obligues a insultar tu uniforme, capitán. *(A Patterson.)* A propósito, teniente; qué horrendo le queda el blanco. *(Patterson amaga a avanzar hacia Julián. Los reflejos de los Escoltas responden instantáneamente.)* No lo intenten. Tienen órdenes. No hay nada que yo pueda hacer. Ya les expliqué: soy un prisionero.

PATTERSON – Canalla.

CAPITÁN – Tranquilo, Patterson.

Lo lleva aparte.

PATTERSON – ¿Ves lo que pretende? Ponernos en ridículo.

CAPITÁN – *(Al Niño.)* Mi querido: por favor; andá y transmitile a Jim que estamos listos para la deliberación. *(El Niño se dispone a salir. A Patterson.)* Atengámonos al procedimiento tal como está previsto. Va a ser lo mejor.

Julián, por el juego:

JULIÁN – ¡Limpia de ases! ¿Cuánto vale eso? Estoy de racha.

EL NIÑO – *(Saliendo.)* Después de todo quizá no haya sobrevivido en vano. *(Sale.)*

CAPITÁN – *(A Patterson.)* Con cautela. Es evidente que hay algo majestuoso que quizás esté por encima de nuestras fuerzas.

PATTERSON – ¿De Jim hablás?

CAPITÁN – De su cuerpo.

PATTERSON – ¿Estás justificando a esa rata cobarde?

CAPITÁN – Trato de no subestimar al enemigo. ¿Pensás que debe ser muy fácil pasar por lo que tuvo que pasar Julián y aún así continuar resistiendo? ¿No intuís con lo que tuvo que enfrentarse?

PATTERSON – Sólo puedo intuir cómo los anabólicos hicieron su trabajo y nada más.

CAPITÁN – ¿Estás envidioso, Patterson?

PATTERSON – Sabés que no.

CAPITÁN – Nadie tiene la culpa de que tus muslos estén fláccidos por la falta de ejercicio.

PATTERSON – Mi físico está en perfectas condiciones.

CAPITÁN – ¡Por favor! Hace meses que usás faja.

PATTERSON – ¿Quién te lo dijo?

CAPITÁN – Todo el mundo lo sabe.

Patterson señala la entrepierna del Capitán.

PATTERSON – No creo que sea peor que tu relleno.

CAPITÁN – Un apósito no es antirreglamentario; pero una faja anatómica, sí.

PATTERSON – ¿Sabés qué creo? Que estamos a merced de tus caprichos, Cristian.

CAPITÁN – *(Por su vendaje.)* ¿Esto te parece un capricho?

PATTERSON – Eso me parece una soberana estupidez.

El Capitán le da un cachetazo.

CAPITÁN – Suficiente, Patterson.

PATTERSON – ¡Me pegaste!

CAPITÁN – Estás empezando a ponerte grosero.

Julián se descarta triunfal.

JULIÁN – ¡Me fui! Dos limpias, tres sucias. Dos tres rojos. ¡Empiecen a contar! ¿Quién anota? Dos mil doscientos de base.

PATTERSON – *(Al Capitán, por Julián.)* ¿Por qué me pegás a mí? No te entiendo. Si él es quien tiene la culpa de todo.

Ingresa el Niño con urgencia. Se para encima del mostrador.

EL NIÑO – ¡Señores! ¡Se ha declarado una tregua! En un acto de inusitada generosidad, Europa ofrece, para deleite y esparcimiento de la tropa y de sus mandos naturales, una hora de inesperado regocijo. ¡Para los cuerpos extenuados y las almas contritas...!: ¡¡Casino!!

Música atronadora. Para infinito desconcierto del Capitán y Patterson, JIM hace una espectacular aparición. Se abre un telón, que lo descubre con un atuendo fantasioso y cubierto de brillos. Lleva maquillaje. Baila como un profesional. Los Escoltas hacen las veces de 'boys'.

Cantan y bailan el 'Tema del Show de Casino'.

Los Escoltas, mientras habla el Niño, transforman el lugar en un local de juego. Arman una enorme ruleta que sacan del baúl. Las luces cambian; etcétera. El Niño anuncia con exaltado entusiasmo:

EL NIÑO – ¡Despabílense y no se demoren! La fiesta no es eterna. La noche recién comienza pero puede acabar en el momento menos pensado. Estamos en guerra, señores. Y una guerra es un presente eterno, fuera de toda regla y de las agotadoras demoras de los relojes. Se ha decretado la noche, no debemos desaprovecharla. Cada minuto puede ser el último. Derramemos hasta la última gota de nuestras mundanas miserias en esta rueda antes de que sea demasiado tarde. La batalla no se hace esperar. Multipliquen sus monedas. Aquí está la ruleta.

¿Cuánto quieren arriesgar? ¡Crédito irrestricto! ¡Aprovechen, señores! ¿Quién quiere mil? ¿dos mil? ¿un millón? ¡Apuesten y multipliquen su dinero antes de que quieran matar por él!

PATTERSON – ¿Qué es esto?

CAPITÁN – No lo sé; pero es como si leyera en el mapa de mis debilidades.

PATTERSON – Esto está fuera de todos los pronósticos.

EL NIÑO – ¿Cuánto para usted, teniente?

PATTERSON – No pienso jugar.

EL NIÑO – ¿Capitán?

CAPITÁN – *(A Patterson.)* Cada instante es un nuevo desafío. No puedo echarme atrás. Voy a arriesgarme. *(Al Niño.)* Mil, por favor.

JULIÁN – Mil para mí también.

EL NIÑO – ¡El mozo les desea a todos suerte! ¿Será rico, capitán y pagará sus deudas? Quién sabe. Todos beberemos a la salud del que más gane; y nos burlaremos de aquel que quede arruinado. ¡Tragos, tragos para todos! Hagan sus apuestas para que se abra la mesa. La primera bola quema en mi mano y quiere empezar a rodar. ¿Quién se arriesga? Doce, diecisiete y tres: ¡mis favoritos!

JULIÁN – Trescientos al doce.

EL NIÑO – Trescientos al doce pleno. ¿Quién más?

CAPITÁN – Quinientos al tres.

EL NIÑO – Quinientos al tres. ¡No va más! *(Rueda la bola.)* ¡Colorado el tres! Pago, señor. *(Al Capitán.)* Dieciocho mil. Gracias, capitán. ¡Caja de empleados! ¡Hagan sus apuestas señores!

CAPITÁN – Tres mil al seis.

PATTERSON – Controláte, Cristian.

CAPITÁN – Voy ganando ¿no ves?

PATTERSON – Por eso lo digo.

CAPITÁN – Dejáme tranquilo de una vez.

PATTERSON – ¿Qué esperás conseguir?

CAPITÁN – Un triunfo. En su propio terreno. Y la suerte está de mi lado.

149

JULIÁN – Setecientos cincuenta al nueve.

EL NIÑO – ¡No va más! Rueda rueda la bola. ¡Negro el seis!

CAPITÁN – ¡Sí!

EL NIÑO – Pago, señor. Ciento ocho mil. Gracias, capitán. ¡Caja de empleados!

JULIÁN – ¿Qué pasa con mi suerte? *(A uno de los Escoltas.)* ¡Otra copa! Necesito entonarme.

Jim comienza a hacer su show de stripper. Promediando éste, Julián, enardecido, se trepa a la barra donde Jim hace su número. El Capitán se para sobre la mesa de ruleta.

CAPITÁN – ¡Un anuncio! ¡Un anuncio!

EL NIÑO – ¿Qué?

CAPITÁN – ¡Que pare la música! *(La música cesa. A Julián, por lo bajo.)* Julián: ahora es cuando voy a rescatarte. *(Alto.)* ¡Propongo un desafío! *(Enfrenta a Jim sobre la ruleta. Ambos están sudando, jadeantes. El Capitán se quita la chaqueta.)* Apuesto todo lo que tengo a un solo número. Si gano, el rescate es mío, te llevás el dinero y Julián es para mí.

Jim lo mira detenidamente.

PATTERSON – ¿Te volviste loco, Cristian?

CAPITÁN – A todo o nada.

PATTERSON – Es una insensatez.

CAPITÁN – ¡Jim! ¿Te atrevés? Todo lo que tengo… *(Toma todo el dinero que tiene y lo coloca sobre un casillero.)* … y el honor de mis pasadas victorias… *(Arranca las condecoraciones de su chaqueta y las pone sobre el casillero.)* Todo… al cinco. Si gano, Julián vuelve a mis filas; si pierdo, pierdo todo derecho jerárquico sobre él. *(Pausa.)* ¿Aceptás?

Silencio.

Finalmente, Julián sube de un salto a la mesa de ruleta.

JULIÁN – Sí. Aceptamos.

EL NIÑO – ¡Señores! ¡Se anuncia la última bola de la noche!

PATTERSON – Tu ingenuidad no encuentra límites.

CAPITÁN – Tal vez mi suerte tampoco los encuentre.

A un gesto de Jim, los Escoltas toman a Julián y salen con él.

PATTERSON – ¡Es ridículo! Vinimos aquí a morir como soldados. Vas a perder además.

EL NIÑO – A todo o nada. ¡Comienza a rodar la bola!

PATTERSON – No quiero mirar.

El Niño cubre de pronto la ruleta con una tela roja.

EL NIÑO – Señores: esa bola seguirá rodando y se detendrá en uno de los treinta y siete casilleros... ¿en cuál? ¿Quién lo sabe? Capitán. Todo es posible. ¡Aquí está el trofeo! *(Reingresan los Escoltas trayendo a Julián sobre una bandeja de plata.)* Todos, mírenlo; mírelo, Capitán. Este niño imperial tiene el precio que fijó su apuesta de cuatro millones ciento noventa y cuatro mil. Lo vale ¿verdad? Vean la redondez de sus nalgas; las curvas de su cintura; el brillo de esos ojos insaciables. ¿Quién no pagaría eso para llevarse esta delicia de la naturaleza? ¡Oigan! Oigan cómo la bola salta de uno a otro por entre los treinta y siete casilleros de los cuales uno solo tiene impreso el número cinco. Sientan cómo el metal de esa pequeña esfera vacila entre muchas ranuras... entre menos ahora... y por fin... ¡clac! ¡Ya ha sido elegido el dueño del doncel! ¡La suerte ya está echada y nosotros aún la ignoramos! ¡Prepárense para el regocijo o la derrota de esta batalla singular! *(Destapa de un manotazo la ruleta. Mira. Completamente anonadado.)* ¡Cinco!

CAPITÁN – ¿Cinco? ¿Gané? ¡Gané, Julián! ¡Gané, Patterson! ¡Gané! ¡Podés irte, Jim! ¡Podés tomar tu buque guerrero y zarpar para siempre! ¿Te creías mucho mejor que yo, con tus brillos y tus fragancias? ¿con el magnetismo de tus aductores y tu sudor resplandeciente? ¿con tu melena y tu irresistible abdomen? ¡No, Jim! ¡Yo soy el elegido! ¡Yo! *(Hace un gesto a Julián.)* ¡Conmigo, sargento! ¡Conmigo!

Sale feliz, casi bailando.

Los Escoltas toman la bandeja sobre la que está Julián y salen detrás de él. El Niño y Patterson se miran desconcertados.

Jim, impertérrito, se seca el sudor con una toalla.

Fin de la segunda secuencia

Tres

El Niño, los Escoltas.

Los Escoltas van y vienen, empacando.

EL NIÑO – Bueno, no se vayan a olvidar nada. Al final siempre se termina a los apurones. Quiero decir que hubiera querido prepararles alguito como despedida; un cóctel o algo así. *(Yendo detrás del mostrador.)* Ahora que pienso, alguna cosita debo tener para que piquen. El viaje será largo, supongo. *(Saca de debajo del mostrador algunos pedazos de carne. Los amontona sobre un plato.)* ¿Algo para tomar? ¡Qué lástima que ya se tengan que ir! Apenas si pudimos conocernos. No tuve siquiera ocasión de llevarlos a recorrer los alrededores; no es que haya mucho para ver, claro, pero… ¡Es que estuvimos todos tan ocupados! Postales no me quedan; debieron mandarme una partida hace meses, pero se ve que hay espantosos problemas de tráfico: ustedes saben, buques pesqueros, petróleo, esas cosas… *(Ingresa JIM. Está como a su ingreso. Vestido con su impecable y llamativo uniforme. Aún no tiene puesto el tapado. Fuma.)* Ajá. Bien: hablemos de dinero, cómo no. *(Saca de sus bolsillos unos cuantos billetes arrugados y sucios.)* Bueno; esto es de las propinas: suma cuatro mil seiscientos… Sé que es poco, pero quiero mostrar mi buena predisposición para achicar en algo la deuda… ¿Me estoy haciendo entender? *(Jim no res-*

ponde siquiera con un gesto.) Bien. En cuanto a los cuatro millones ciento ochenta y nueve mil cuatrocientos restantes, yo estuve pensando en un plan de financiación... es decir, plazos... acreditados periódicamente a nombre de... Por lo pronto preparé unos documentos... *(Jim continúa sin inmutarse. Uno de los Escoltas pasa a su lado y le quita los billetes de la mano, sin mirarlo siquiera.)* Ah, sí. Cómo no. Ahí tienen. Son cuatromil seiscientos ¿eh? Yo tenía un recibo preparado por algún lado para que me firmen. *(Revisa sus bolsillos. Saca un lastimoso pedacito de papel. Se acerca a JIM. Le tiende el papelito y un minúsculo lápiz sin punta.)* Aquí. *(Mientras Jim firma inacabablemente.)* Qué bonita firma. En una época quise coleccionar autógrafos. Pero es tan poca la gente que viene por acá. *(Jim termina de firmar.)* Bueno; espero que hayan tenido una agradable estadía. Cuando quieran regresar, aquí estoy; sé que no tengo para ofrecer los lujos a los que deben estar acostumbrados, pero... en fin, todo aquí no deja de ser pintoresco ¿cierto?

Mientras tanto ya ha ingresado el Capitán. Gala completa. Capa. Un aire triunfal. Se queda a un costado, sonriendo. Le hace una discreta seña al Niño. Éste se acerca.

CAPITÁN – ¿Está todo en orden?

EL NIÑO – Eso intento.

CAPITÁN – ¿Y la tropa?

EL NIÑO – ¿Qué tropa?

CAPITÁN – El teniente y el sargento.

EL NIÑO – ¿Para qué los quiere?

CAPITÁN – Van a rendirnos honores. Somos el ejército vencedor.

EL NIÑO – Sí, vencedor: ¡a costa mía!

CAPITÁN – ¿Qué decís?

EL NIÑO – Que este triunfo suyo, capitán; me está costando fortunas como nunca tuve, ni tengo, ni definitivamente jamás tendré.

CAPITÁN – ¿Fortunas?

EL NIÑO – Con su apuesta hizo saltar la banca. El local colapsó. Estoy en la ruina.

CAPITÁN – Yo gané de buena ley. Arriesgué y triunfé. Y el local aceptó la responsabilidad.

EL NIÑO – Obvio que la aceptó. ¿Quién iba a imaginar que tendría tamaña suerte?

CAPITÁN – Debía estar en las previsiones.

EL NIÑO – Lo suyo fue algo imposible de prever. Imagínese. Es como si todos y cada uno de los habitantes de una ciudad apostaran a un mismo número. Imagínese si ese número saliese premiado. ¿Se deduce de eso que todos ganaron? ¡Por eso es que me repugna tanto el juego!

CAPITÁN – ¿Dónde se habrán metido estos dos?

EL NIÑO – Diga que Europa es comprensivo y generoso; no entiendo muy bien por qué, será que no conoce el idioma; y me ha brindado la posibilidad...

CAPITÁN – Nunca entiendo qué es lo que querés decir cuando hablás de estas cosas. ¡Me ponés más nervioso de lo que estoy!

EL NIÑO – ¿Será que no puede olvidarse de lo que todavía me debe?

CAPITÁN – No; pienso en la gratitud de Julián hacia mí por haberlo rescatado. No veo el momento de conocer los secretos que Jim le enseñó.

Movimientos de Jim y los Escoltas. Se ponen en formación. Suena una música.

EL NIÑO – Parece que va a comenzar la ceremonia.

Jim hace ciertos movimientos con los brazos. Uno de los Escoltas enarbola un espadín dorado con cordones rojos. Jim lo toma.

CAPITÁN – Detestaría que el sargento se perdiese esto.

EL NIÑO – ¿Quiere que lo vaya a buscar?

CAPITÁN – No. No sea que la ceremonia dé comienzo y no haya nadie para oír mi discurso.

EL NIÑO – Creo que tiene que acercarse, capitán.

CAPITÁN – ¿Ahora? *(Jim lo está mirando. Tiene el espadín apuntando hacia él. El Capitán avanza. Interpretando las señas de Jim, el Capitán se deja guiar. Se arrodilla frente a él. Jim, con el espadín, realiza los movimientos propios de una bendición. El Capitán se pone de pie. Recibe el espadín de manos de Jim. Luego Jim le toma la cara y le da un prolongado beso en la frente. Lo suelta. El Capitán retrocede sin poder disimular su felicidad. Sus ojos están inundados de lágrimas. Comienza un emotivo discurso.)* Recibo con orgullo el espadín de la victoria. Aún no era ayer cuando vi llegar al enemigo, ataviado de brillos y blasones, bajo un cielo gris, cubierto de nubes bajas; y de lejos, como si a la nieve le hubieran brotado alas y se lanzara en picado sobre nosotros, galopando como potro que... *(Se ve interrumpido por la intempestiva aparición de Patterson, que ingresa arrastrando a Julián. La música cesa abruptamente. Patterson va de fajina. Julián tiene los pantalones bajos y va sin camisa. Por el impulso que le diera Patterson, tropieza y cae en el centro del lugar.)* ¿Qué es esto? *(El Capitán ofrece una disculpa a Jim.)* Ya estoy con ustedes. *(Lleva a Patterson aparte. Severo. Susurrando.)* ¿Qué está pasando?

PATTERSON – ¡Mejor preguntále a él!

CAPITÁN – ¡Bajá la voz! ¿Se puede saber qué hacés en ropa de fajina?

PATTERSON – ¿Querías que siguieran burlándose de mí?

CAPITÁN – La guerra ya terminó, Patterson.

PATTERSON – No para él, parece. *(A Julián.)* ¡Vamos! Decíle a tu capitán de qué se trata todo esto. ¿O te quedaste mudo, ahora? *(Lo patea.)* ¡Hablá, cobarde!

El Capitán trata de detenerlo.

CAPITÁN – Ya es suficiente, Patterson. Estamos en medio de una ceremonia en mi honor; acaban de darme el espadín de la victoria; ¡y en mis filas no veo más que insubordinación e indisciplina!

PATTERSON – Pero, Cristian...

CAPITÁN – ¡Teniente Patterson: cuádrese cuando le habla su superior! *(Patterson se cuadra.)* Y ahora quiero una explicación. ¡Y más le vale que sea buena!

PATTERSON – ¡Lo encontré masturbándose, mi capitán!

JULIÁN – ¡No me encontró! ¡El teniente me estuvo espiando! ¡Yo había cerrado la puerta!

PATTERSON – ¡Eso no tiene la menor importancia!

JULIÁN – ¡Voyeur!

CAPITÁN – ¡Silencio! ¡Basta! *(Silencio. A Julián.)* ¿Es cierto eso, Julián? ¿Te estabas masturbando?

JULIÁN – Sí.

CAPITÁN – ¿Y sabías que había una ceremonia en mi honor en la que debías estar presente?

JULIÁN – Sí; y es por eso que estaba nervioso y tardaba en acabar.

CAPITÁN – Ahí tenés, Patterson. Todo está explicado. Todo este barullo que armaste por nada.

Patterson le muestra unos papeles.

PATTERSON – ¿Esto también te parece 'nada'?

CAPITÁN – ¿Qué es eso?

Se lo tiende al Capitán, pero el Niño lo intercepta. Se trata del folleto que Jim le entregara al Niño en la primer secuencia.

EL NIÑO – ¡El folleto! ¡Es mío! Me volví loco buscándolo. *(A Julián.)* ¡Ladrón!

PATTERSON – ¡Soltá eso! *(Se lo quita y se lo da al Capitán. Este comienza a hojearlo. Patterson, por Julián.)* Mientras se sacudía desaforado contra la grifería del baño, le susurraba promesas y juramentos a esos papeles como si fuesen imágenes sagradas.

CAPITÁN – *(Por el folleto.)* Es Jim.

PATTERSON – *(Por lo que mira el Capitán.)* No; esa no es así. *(Orienta el papel correctamente.)* Ahora.

EL NIÑO – *(Muy nervioso.)* ¡Con cuidado! Van a terminar rompiéndolo. *(A Jim, quien mientras tanto se ha sentado a esperar.)* Ya va ¿eh?

CAPITÁN – *(Por el folleto, algo impresionado.)* Notable. Nunca creí que fuese posible una cosa así.

PATTERSON – ¿Más pruebas necesitás? Date cuenta de una vez, Cristian: Julián es un traidor. Siempre supe que nada lo haría cambiar. Todos tus esfuerzos fueron inútiles. La traición se lleva en la sangre. Y Julián nació así. No hay nada que se pueda hacer contra eso.

El Capitán, dobla el folleto y lo guarda en un bolsillo.

CAPITÁN – No quiero escucharte más, Patterson. Julián es mío ahora. Todos lo saben.

JULIÁN – Tiene razón.

CAPITÁN – Por supuesto que tengo razón.

JULIÁN – No; el teniente tiene razón. *(El Capitán lo mira desconcertado.)* Nunca voy a cambiar. Y eso me enorgullece.

CAPITÁN – No digas eso, Julián. No te dejes confundir por él.

JULIÁN – Yo siempre voy a estar del lado más vistoso.

CAPITÁN – Claro: y ahí estoy yo ahora.

JULIÁN – No. Vos apenas brillaste con el resplandor de un golpe de suerte. Y la suerte es algo artificial. Lo mismo que tu relleno.

CAPITÁN – ¿Qué relleno?

JULIÁN – Ese que tenés ahí.

CAPITÁN – *(A Patterson.)* ¿Tenías que decírselo, Patterson? ¡Maldito delator!

JULIÁN – Debiste dejar las cosas como estaban. Ninguna apuesta que ganes podría hacerme cambiar. Es cierto: primero te amé; después te subestimé. Ahora te odio, Cristian. Te odio por haberme quitado la oportunidad. *(Mientras habla va hacia Jim lentamente y con determinación.)* Pero siempre sabrán que aunque no durara más que un segundo, mi momento de gloria fue más intenso y brillante de lo que nunca ustedes se atreverían a soñar. No puedo subordinarme. Porque aquí el héroe soy yo. *(Se sien-*

ta sobre las rodillas de Jim.) Y por eso prefiero morir así antes de que conozcan las marcas que dejó Jim en mi cuerpo.

Mira a Jim a los ojos y lo acaricia. Este se deja hacer.

Patterson le quita el espadín de la victoria al Capitán y lo enarbola con furor hacia Julián.

PATTERSON – ¡Y así es como vas a morir!

Los Escoltas reaccionan con un rápido movimiento, pero Jim los detiene con un grito:

JIM – ¡Nein!

Todos se inmovilizan.

Julián sonríe. Pero Jim, con divina crueldad, empuja a Julián con fuerza al centro del lugar. Éste, desconcertado, se vuelve hacia él.

JULIÁN – ¿Jim...?

En ese instante Patterson corre hasta él y le hunde el espadín en la espalda.

CAPITÁN – ¡Julián! *(Julián, herido, se derrumba. El Capitán corre hasta él. Le toma la cabeza entre sus manos.)* Julián...

JULIÁN – Jim...

Julián, en el último suspiro, mira a Jim y hace con el dedo el signo que dibujaran los soldados que han muerto.

Muere.

CAPITÁN – ¿Muerto? Julián: ¿estás muerto ya? *(A Patterson.)* ¿Qué hiciste?

PATTERSON – Lo que debí haber hecho desde el primer momento. Cuando adiviné de lo que serías capaz por este infeliz.

CAPITÁN – Te volviste loco.

PATTERSON – Claro que sí. ¿No lo sabías? Por vos. Nunca nadie te amó como te amé yo. Pero nunca te molestaste en notarlo.

CAPITÁN – ¿Y vos creés que esto es una muestra de afecto?

PATTERSON – Eso ya no interesa. Me alegra que esté muerto. Me alegra que todos estén muertos. No hay nada demasiado osado para el atolondramiento del amor. Vos lo dijiste: en el fondo soy un sentimental.

CAPITÁN – ¿Todos? ¿Qué; los otros también, Patterson?: ¿Miguel Ángel? ¿Román?...

PATTERSON – ¿Y qué si así fuera? No valían más que este miserable. Subalternos que no dudarían en arrancar nuestros soles y estrellas como nos arrancaron el corazón. *(Por Julián.)* Él... y nadie más que él era mi enemigo.

Pausa.

CAPITÁN – Ahora es tu turno de morir, Patterson.

PATTERSON – Lo sé.

EL NIÑO – ¡No! *(Lo miran.)* ¿Y lo que me debe? ¿Mi dinero? ¿Qué voy a decirles a los proveedores? ¿Va a matarlo antes de que yo pueda terminar de calcular su deuda?

CAPITÁN – Tendrá que ser en otra oportunidad.

EL NIÑO – ¿Me está tomando el pelo? ¿Qué otra oportunidad? *(A Jim y los Escoltas.)* ¡Jim! ¡Muchachos! ¡Impídanlo! ¡Vamos! ¿Son soldados o qué? ¡Ey! ¿Por qué nadie me presta atención? Claro, a nadie le importa que yo esté arruinado. Total, soy el mozo. ¿A quién le importa el mozo? A nadie. ¡Embárguenme! ¡Me rindo! ¡Me entrego! ¡Lleváme, Jim! ¡Lleváme con vos! ¡Sáquenme de este páramo inmundo! ¡No quiero sobrevivir! ¡No quiero sobrevivir!

CAPITÁN – Todo está terminado. No hay ya más por qué agitarse.

EL NIÑO – ¡Pobre de mí! ¡Y yo soy el que tiene la culpa de todo! ¿Por qué seré tan generoso? ¿Por qué, madrecita? ¿Por qué?

El Capitán no le presta atención. Tiende su mano hacia Patterson. Este comprende y le entrega el espadín.

CAPITÁN – Patterson: los dos nos iremos de aquí; pero por puertas diferentes.

El Capitán enarbola el espadín.

PATTERSON – El espadín de la victoria. *(Por el Soldado.)* Hay un soldado que sabría que muero con honor. *(Al Capitán.)* A los ojos, Cristian. Que sea mirándome a los ojos.
El Capitán le clava el espadín. Patterson cae herido.
Silencio.
CAPITÁN – Una palabra. *(A Jim, por los Escoltas.)* Jim...: ellos... ¿podrían cantar algo? Un Himno... ¿No saben algún réquiem? *(Los Escoltas se miran. Jim les hace una seña. Los Escoltas comienzan a cantar el 'Réquiem del Capitán'.)* La patria es la estupenda belleza de un soldado de uniforme inmaculado que va a la guerra. Y la guerra es belleza que debe morir.. ¡así! *(Se clava el espadín. Cae al lado de Patterson.)* Patterson...
PATTERSON – ¿Capitán?
CAPITÁN – Nosotros también estamos muriendo.
PATTERSON – Sí.
CAPITÁN – ¿Lo ves?
PATTERSON – ¿Qué cosa?
CAPITÁN – Ahí. ¿No es hermoso?
PATTERSON – No veo nada. ¿Qué?
CAPITÁN – Nunca pensé que fuera así.
PATTERSON – ¿Qué cosa?
CAPITÁN – Está más hermoso que nunca.
Muere haciendo el signo con el dedo.
PATTERSON – ¿Qué cosa? ¿Qué? ¿Qué...? *(Con su último aliento intenta reproducir el dibujo de los soldados al morir, pero se equivoca.)* ¿Cómo era...? Oh, no...
Muere.
El Niño se acerca al Capitán.
EL NIÑO – No creo que haya sido un milagro. Finalmente debió ver a San Sebastián atravesado. Suele suceder. Producto de una prolongada abstinencia. *(Pausa.)* Qué picardía; no pude recuperar de ellos ni una mísera moneda. Bah; yo sabía que esto iba a terminar así.

160

Todos permanecen consternados. Jim se acerca a los cadáveres y deja caer sobre los cuerpos una rosa que le diera uno de los Escoltas. Luego hace el signo de los soldados al morir.

Finaliza el 'Réquiem del Capitán'.

En ese momento, el Soldado recupera la conciencia; se sienta en el piso y observa.

Jim se agacha, desclava el espadín del pecho del Capitán, lo limpia con la chaqueta de éste y se lo guarda.

Uno de los Escoltas se acerca con el tapado de piel y cubre a Jim. Este se acomoda sobre el baúl-trono. Los Escoltas miran al Niño y le hacen un saludo con la mano. Luego se ajustan el correaje, enganchan los arneses a las riendas y se alejan arrastrando el baúl-trono sin volverse.

Salen.

El Niño los mira salir. No ha notado que el Soldado está lúcido. Se acerca al cuerpo del Capitán, le quita del bolsillo el folleto y lo guarda en uno de los suyos. Luego comienza a retirar los cadáveres: primero el de Julián, luego el del Capitán. Los lleva detrás de la barra.

SOLDADO – Creo que me desmayé.

EL NIÑO – ¡Soldado! ¿Cómo se siente?

SOLDADO – Aliviado. El descanso me hizo bien. *(Por los cuerpos.)* ¿Todos… muertos?

EL NIÑO – Tiene lógica: la guerra terminó.

SOLDADO – ¿Pero murieron?

EL NIÑO – Sí, todos.

SOLDADO – Recuerdo haber visto llegar al enemigo. De una majestuosidad y una imponencia como yo nunca había pensado que existiese. Luego tuve un sueño. Algo en blanco. *(Pausa.)* Ahora todos han muerto y yo vivo para contar lo que vi. *(Pausa.)* Sí. Es lo correcto. *(El Niño está por arrastrar a Patterson.)* No. A él no. Déjalo un momento. Quiero verle la cara así, dormido. *(Al cuerpo.)* Sé que voy a extrañarlo, teniente. Sé también que murió con honor. *(Al Niño.)* Pobre, debe estar perdido en un laberinto; solo, completamente aterrado, sin nadie que lo consuele.

EL NIÑO – Sin nadie que le cante suavemente al oído.

Pausa.

SOLDADO – Voy a acabar cantando la canción de mi teniente.

Comienza a interpretar la 'Canción de Cuna para el Teniente'.

El Niño se sirve de beber.

EL NIÑO – Qué bello. Qué afinado. Qué hermosa melodía. Qué voz, soldado. Qué bella voz. Brindemos por su maravillosa voz, soldado. Brindemos.

Eleva su copa.

El Soldado canta.

Oscuro.

FIN

FAROS DE COLOR

Faros de Color se estrenó el 3 de setiembre de 1999 en el teatro El Galpón del Abasto de Buenos Aires con el siguiente elenco:

Carlos Belloso[*]
Gabriela Izcovich
María Onetto

Asistente de dirección
Soledad García Valiño

Dirección
Javier Daulte & Gabriela Izcovich

En enero de 2000 se inició la segunda temporada en el Espacio Callejón.

El espectáculo participó en el Festival Internacional de Sitges en mayo de 2000 y realizó una breve temporada en la Sala Beckett de Barcelona (España) en junio del mismo año.

PERSONAJES
Rafaela
Jeremías
Carlos
Margaret

---

[*] A partir de marzo de 2000 el rol de Carlos Belloso fue cubierto por Héctor Díaz.

El artificio de prescindir
de todo artificio[1]

Faros de Color es, antes que una textualidad esce-
nificada, el resultado de un proceso que nació de la
necesidad de realizar una experiencia donde lo actoral ocupase un lugar de privilegio, no con afán vir-
tuosista ni exhibicionista, sino en la búsqueda de una
teatralidad.

Como directores del proyecto decidimos en primer término reducir la cantidad de personajes al
punto de llegar a la ecuación: mínima cantidad de
actores para un máximo de aprovechamiento teatral.
Esto condujo a la primer decisión del procedimiento
escénico. Tres actores para cuatro personajes. La con-
tradicción numérica se resolvió suponiendo que dos
de los personajes (en este caso los masculinos) son
físicamente idénticos.

En cuanto al tratamiento escénico, *Faros de Color*
se propone despojada. Pero no al modo de una economía escénica en cuanto a recursos escenográficos,
de utilería, técnicos y lumínicos, sino que se ha radi-
calizado el despojamiento al punto de dejar total-
mente al descubierto el espacio escénico. Literal-
mente no hay nada en el escenario más que sus propias paredes. No hay muebles, no hay copas, no hay
comida, (aunque los personajes se ofrecen asiento,

---

1 Reproduzco parte de la nota que aparecía en el programa de
mano del espectáculo. (*N. del A.*)

beben hasta el hartazgo, comen opíparamente.) No hay tampoco, en su remplazo, mímica alguna.

Los tres actores, de pie, transitan una historia donde nada es seguro, despojados de todo artificio posible, instando al espectador a construir un universo (incompleto) en su imaginación. La puesta en escena no termina siendo otra cosa que el ejercicio mental de alguien sentado frente a tres actores.

El texto se fue modificando incansablemente a lo largo de los ensayos, no por sugerencia de improvisación alguna, sino por las propias necesidades del establecimiento de este código escénico. Es así como en *Faros* se unen en un punto difícilmente identificable dramaturgia actuación y dirección, más aun, se confunden en la medida en que empiezan a ser una misma cosa.

El resultado es, sospechamos, un artificio teatral que se percibe a través de la ausencia de artificios, lo cual, unido a los lineamientos argumentales y narrativos, producen un sentido.

Sentido que necesariamente nunca fue apriorístico.

JAVIER DAULTE / GABRIELA IZCOVICH

*El que ama a su esposa como a
una amante, es un adúltero.*

San Jerónimo

Un espacio vacío.
La escena, una casa en la rivera.

1
Rafaela y Jeremías.

RAFAELA – Pobre Margaret ¿no? Tan sola en la fiesta. Tan... Pobrecita.

JEREMÍAS – Qué raro Marcus.

RAFAELA – ¿Por qué raro?

JEREMÍAS – Que no haya ladrado.

RAFAELA – Le puse un bozal antes de salir.

JEREMÍAS – Un perro con bozal puede ladrar igual.

RAFAELA – No con este. Con este bozal digo. Digo que con este bozal no puede ladrar. No me mires así.

JEREMÍAS – ¿Cómo?

RAFAELA – Se acciona con unas bisagritas. Es un sistema bastante sofisticado. Un sistema de púas se acciona a través de las bisagras y... Marcus es un perro inteligente. Supongo que en las cuatro horas que lleva puesto el bozal debió apreciar la ventaja de no mover la mandíbula. *(Pausa.)* Las púas apuntan directo a los globos oculares. ¿Entendés?

JEREMÍAS – No.

RAFAELA – Quiero decir que por eso no ladró.

JEREMÍAS – Es un perro vigilante. No entiendo para qué tenías que hacer eso.

RAFAELA – Guardián. Se dice perro guardián, no vigilante. ¿A dónde vas?

JEREMÍAS – No sé para qué queremos un perro guardián que no puede morder.

Sale.

RAFAELA – ¿Me traés un whisky ya que…? *(Tras un momento, reingresa Jeremías.)* ¿Dónde fuiste?

JEREMÍAS – A ver a Marcus.

RAFAELA – Lo que digo es que Margaret no tenía por qué ir sola a esa fiesta. ¿Me podés explicar por qué él la tuvo que dejar?

JEREMÍAS – ¿La dejó?

RAFAELA – Sola. Ya no la quiere. Yo no puedo permitir… ¿Qué tenés en la mano?

JEREMÍAS – No pude sacárselo.

RAFAELA – ¿De qué hablás?

JEREMÍAS – El bozal. No pude sacárselo.

RAFAELA – La dejó. ¿Te da cuenta?

JEREMÍAS – No.

RAFAELA – Ese hombre la dejó. Y ahora… y ahora ¿yo me tengo que ocupar? ¿A vos te parece? ¿Qué hora es?

JEREMÍAS – Me rasguñó. Marcus. Me lastimó la mano. Vamos a dormir. ¿Querés tomar algo?

RAFAELA – Ese perro detestable. Voy a tener que matarlo.

JEREMÍAS – No, Rafaela. No lo hagas.

RAFAELA – ¿Por qué?

JEREMÍAS – Vamos a dormir. Es tarde.

RAFAELA – Estás goteando sangre. ¿Cómo que te rasguñó? Ya que vas para allá decíle a Carlos que baje por favor.

JEREMÍAS – Está durmiendo.

RAFAELA – ¿Cómo sabés?

JEREMÍAS – Debe estar dormido.

RAFAELA – Que se despierte y baje. No tengo toda la noche. Necesito que él lo haga. *(Salen. Tras un momento, vuelven a ingresar.)* ¿Y? ¿Baja? *(Jeremías la mira.)* Carlos. ¿Baja?

JEREMÍAS – Se quejó de un sueño que interrumpí.

RAFAELA – Lo estás malcriando, Jeremías. No entiendo para qué. ¿Te pusiste algo?

JEREMÍAS – Me lavé.

RAFAELA – Andá, ponéte algo. No quiero que me manches con...

JEREMÍAS – ¿Una venda, decís?

RAFAELA – Sí, algo así.

2

CARLOS – Me despierta Jeremías. Me acaricia con dulzura los brazos y las piernas como si en vez de despertarme quisiera hundirme con suavidad del otro lado de mi pesadilla. Me levanto confundido, como siempre. Rafaela me da el arma. Subo al coche. Sé que voy a volver pronto, que meterle una bala a un tipo... Estaciono el auto cerca del muelle. Dejo la puerta abierta, el motor encendido. Pasando el muelle, en la playa, camino metiendo mis zapatos impecables en el barro arcilloso y marrón del Río de la Plata. Es absurdo suponer que allí voy a encontrar al hombre, al... al novio de Margaret. Yo no lo conozco. Pero allí está. Me da asco el olor del río. Disparo. El aire retumba como un golpe seco y lejano. La pierna derecha se dobla y el cuerpo cae de costado como en un tropiezo abrupto, imprevisible. Es evidente que él sabe que va a morir. Vuelvo a gatillar. Tres veces. Es fácil. Después me siento sin que nada me importe. Aunque pienso: voy a tener que mandar el traje a la tintorería.

3
Jeremías y Rafaela.

JEREMÍAS – Ya está. Ya… Quiero decir, me vendé.
Rafaela empieza a desvestirse.
RAFAELA – Bajáte los pantalones. (*Jeremías la mira.*) Rápido, que va a bajar Carlos.
Jeremías comienza a hacerlo.
JEREMÍAS – Ya bajó.
RAFAELA – ¿Cuándo?
JEREMÍAS – Salió por la cocina. Por la puerta de atrás. Manejó hasta el muelle. Estacionó el auto y bajó con una pistola en la mano. No me mires como si no supieras que se la diste.
RAFAELA – ¿Se la di?
JEREMÍAS – El motor quedó encendido y la puerta abierta.
RAFAELA – ¿Las luces también?
JEREMÍAS – ¿Cómo?
RAFAELA – ¿Las luces también quedaron encendidas? Las del auto, digo.
JEREMÍAS – ¿Cómo puedo saberlo? Yo no estaba ahí.
RAFAELA – Una noche nublada en la playa del río. Las luces altas del coche marcan una luminosidad opaca contra las ondulaciones inofensivas del agua.
JEREMÍAS – No había luces. El auto estaba de cola a la playa. Aunque hubiesen estado encendidas las luces, no se hubiesen visto.
RAFAELA – No, claro. No sobre el agua. Subíte eso. (*Silencio.*) Subíte eso. Vestíte.
JEREMÍAS – (*Subiéndose los pantalones.*) Habría que dibujar un plano, un croquis; del muelle y la posición del auto. Subo.
RAFAELA – No dejes el vaso acá. Se te cayó la venda. (*Jeremías sale. Se oyen violentos ruidos que llegan desde afuera.*) ¿Pero qué es eso? ¿Qué es ese

ruido? ¿Qué están haciendo? ¡Jeremías! *(Entra Carlos.)* ¿Qué pasó?

CARLOS – ¡Marcus...

RAFAELA – ¿Sabés el susto que me pegué?

CARLOS – ... está ciego...

RAFAELA – ¡Yo estoy sola acá ¿entendés?!

CARLOS – ... esa cosa que le pusiste, se le hundió!

RAFAELA – ¡Pero es un perro, querido! ¡Es un perro! *(Prolongado silencio.)* ¿Está ciego, dijiste?

CARLOS – Se le reventaron los ojos.

RAFAELA – ¡No!

CARLOS – Todo lleno de sangre. Un asco.

RAFAELA – ¿Qué? ¿Le dio... le dio justo en los... globos oculares? Ah. Funcionó, entonces. Qué increíble. *(Silencio.)* Se lo buscó. Ese perro se lo buscó.

CARLOS – Ahora hay que sacrificarlo.

RAFAELA – Sí, ahora hay que sacrificarlo.

CARLOS – Sí.

RAFAELA – Sí. *(Silencio.)* Ah, no. No me mires a mí. Para eso está la veterinaria.

CARLOS – ¿La llamo?

RAFAELA – ¿A Margaret? ¿Te parece, después de...?

CARLOS – ¿Por qué a Margaret?

RAFAELA – Por Dios, Jeremías.

CARLOS – No soy Jeremías. Soy Carlos. Yo ni siquiera conozco a Margaret. ¿Estás bien?

RAFAELA – ¿Carlos? Claro, ¿cómo pude...? ¿Te pusiste...?

CARLOS – Sí, un saco de él. Como estuve en la playa. Me ensucié un poco. La arcilla.

RAFAELA – Es increíble lo parecidos que están. Quiero decir, a mí nunca me había pasado que... Carlos, claro, mi amor. ¿Ya estás de vuelta, entonces? Volviste del río y te pusiste su ropa. Estás usando la ropa de Jeremías. Te queda cómica. ¿Vos sabés que por un momento pensé que eras él? Yo pensé que vos eras él. ¿Por qué hay tan poca luz acá? Empiezo a sentir hambre. ¿Qué hora será?

CARLOS – No sabía que Margaret era veterinaria. Puedo llamarla. Puedo llamarla y decirle que venga. Me gusta. Me interesa. Me hablaste tanto de ella. Vos y Jeremías me hablaron tanto de ella. Tiene algo... Algo atractivo, algo trágico. No te rías.

RAFAELA – ¿No estarás pensando en cogértela? Margaret es mi mejor... mi más...

CARLOS – ¿Tu más...? ¿Tu más qué?

RAFAELA – No sé. Nunca me conformo. Fue estúpido que se comprometiera afectivamente con él, con... con ese hombre. Igualmente no estoy satisfecha. Los faros rojos de la parte trasera del auto estacionado frente a la playa del río son como dos ojos ¿entendés? Jeremías subió a dibujar un croquis. Bueno, vos estuviste ahí.

CARLOS – Jeremías está abajo, llorando sin parar. Ese pobre animal sufre espantosamente. Se sacude contra las paredes de la cochera como un poseído. Es insoportable. Necesito tomar algo.

RAFAELA – ¿Pensás que Margaret podría amarme siendo infeliz? *(Silencio.)* ¿Vos me querés? Podrías haber dejado de quererme y yo no lo sabría. Por eso me lo tenés que decir. Me lo tenés que decir ahora, Carlos. ¿Cómo me daría cuenta sino? ¿Tengo que suponerlo? Sobre todo después de ese viaje tan largo.

CARLOS – ¿La llamo, entonces? A Margaret.

RAFAELA – No. La llamo yo. La voy a llamar y le voy a pedir que venga. Que mate a ese perro. Y que charlemos. Y mientras la esperamos vos me vas a contar todos los detalles de lo de la playa.

4
Rafaela y Margaret.

RAFAELA – ¿Querés sentarte? Jeremías ¿podés venir?

Entra Jeremías.

JEREMÍAS – ¿Dónde está Carlos?

RAFAELA – Subió a cambiarse.

JEREMÍAS – ¿Querés un vaso de algo? Dale algo.

RAFAELA – No quiere nada. ¿Querés algo? *(Pausa.)* ¿Todo bien? Quiero decir; el auto ¿pudiste estacionarlo bien? Apagaste el motor. Te acordaste de eso ¿no?

CARLOS – Hay tantas aves. Es tonto, pero a veces pueden estropearte el auto.

MARGARET – ¿Dónde está?

RAFAELA – *(A Jeremías.)* Acompañála.

MARGARET – No me toques.

Sale. Ingresa Carlos.

CARLOS – ¿Llegó?

RAFAELA – Está en el garaje. Con Jeremías. Creo que hay algo entre ellos. Ella está tan sensible. Ella es sensible.

Desde afuera se escucha a Margaret.

MARGARET – El procedimiento es simple. Primero, si el perro ya está quieto, se le induce el sueño con un algodón empapado en éter. Después se aplican dos inyecciones. La primera es sulfato de magnesio. La segunda fenobarbital. Las dos en la yugular. Funcionan como depresores del sistema nervioso. Terminan provocando un paro cardiorrespiratorio.

Silencio.

RAFAELA – ¿Ponemos algo? *(Silencio.)* De chicas aprendimos esas cosas de un manual de papá. Había estudiado algo de medicina. Practicábamos con gatos, con cobayos. Con cobayos y con... ¿cómo se llama ese animal?

CARLOS – Perro.

RAFAELA – Hurón. Con hurones. *(Carlos saca un CD de su bolsillo y lo estrella contra una pared. Comienza a oírse, de la Cantata "Cessate, omai cessate" RV 684 de Antonio Vivaldi, el segundo movimiento "Larghetto & Andante molto: Ah ch'infelice sempre".)* Qué lindo esto. *(Carlos se sirve un whisky. Se miran con Carlos. Carlos bebe.)* Es triste ¿no? *(Carlos la mira y sale. Rafaela es presa de la congoja. El momento se prolonga. Reingresa Carlos con Margaret. La música cesa.)* ¿Pasa algo con la luz? ¿Estoy bien acá en la luz?

CARLOS – Tenemos hambre.

Silencio.

RAFAELA – Hacía mucho que no entraba en la cocina. Es un lugar... claro que sí. Es un lugar extraño. Ah sí, voy a cocinar. Veo. Lo veo. Veo lo que vamos a comer. ¿Qué es eso?

CARLOS – El horno.

Rafaela sale.

MARGARET – No tuvimos oportunidad de hablar. Rafaela me comentaba que estabas de viaje.

CARLOS – Dieciocho años. Sí. Durante dieciocho años.

MARGARET – El parecido físico con Jeremías es bastante...

CARLOS – Sí, a primera vista somos idénticos. Eso complica siempre las cosas. Viajé por el mundo, Roma, Londres, Birmania un poco. Me hice un tatuaje allí. Del paisaje. Claro, el mundo, las experiencias me cambiarían, me harían diferente a Jeremías. Y cambié. Mirá.

MARGARET – ¿Este sos vos? No lo puedo creer.

CARLOS – Hace dieciocho años. Ahora soy una buena persona.

MARGARET – ¿Ah sí?

CARLOS – Ahí estoy en el palacio… Mucho fervor monárquico últimamente en Europa. Lo gracioso fue que al volver Jeremías también había cambiado. Y seguimos siendo idénticos. A primera vista. Es cínico. Duermo en el cuarto de arriba.

MARGARET – Es chocante más bien. Me refiero a que es tan poco imaginativo. Dos personas que son tan parecidas. Es tan poco imaginativo. Bueno, Rafaela no piensa así. Rafaela es tu…

CARLOS – Sí, es ella.

MARGARET – Claro.

Margaret sufre un repentino, extremo e inlocalizable dolor físico.

CARLOS – ¿Estás bien?

Margaret se recupera.

MARGARET – Es por los clavos. Con la humedad, el salitre… Tuve un accidente cuando… Hace años. Rafaela iba al volante. Yo había bajado para abrir la tranquera y… Bueno, ella no lo recuerda. Nunca lo recordó. Y yo nunca quise que supiera. Pobrecita… Todos creían que yo iba a quedar paralítica. Toda esta parte de acá es sintética. Plástico. Un plástico especial. Una serie de operaciones en el extranjero.

CARLOS – También viajaste, entonces.

MARGARET – Sí. Por aquí, por allá. Aunque no recuerdo el nombre de las ciudades. Sufría dolores espantosos. Me mantenían sedada durante semanas enteras. Existen sedantes maravillosos, milagrosos. La ciencia es algo… muy… *(Margaret hace una demostración de destreza física. Carlos la festeja.)* Dormí durante todo ese tiempo.

CARLOS – Qué espléndido.

MARGARET – Durante casi todo ese tiempo. No estoy bien. No estoy nada bien. ¿Fuiste vos? Él era… Él hubiera sido un buen médico. Si alguna vez hubiese estudiado, claro. ¿Fuiste vos? ¿Vos lo mataste?

(Margaret se arroja sobre Carlos. Este la hace caer al suelo. Silencio.) ¿Dónde?

CARLOS – En el río.

MARGARET – ¿Está...? Está ahí, quiero decir.

CARLOS – Hay luna nueva. Habrá crecida.

MARGARET – El Paraná es tan majestuoso. Nos llena la costa de camalotes.

CARLOS – La playa. Dos brillos rojizos.

MARGARET – ¿No podrías prender otra luz? Es tan... *(Carlos la ayuda a levantarse. Comienza a susurrarle algo al oído.)* ¡No! No quiero saber. No quiero conocer los detalles. Para vos es fácil porque vos... Pero yo, para mí no... ¿Sabés qué? No estoy en condiciones de manejar ¿no te parece? No estoy en condiciones.

CARLOS – Estás borracha.

Ingresa Rafaela.

RAFAELA – ¿Qué están haciendo? ¿Qué le estás contando? ¿Qué mentiras le estás contando?

MARGARET – No, yo no pregunto. No...

RAFAELA – ¿Por qué me miran así? ¿Por qué se miran así? Sí. Yo se lo pedí. Yo le pedí que lo hiciera. ¿Y? Lo hice porque te amo; yo no podía permitir que...

CARLOS – Sí. Ella me lo pidió.

RAFAELA – Hablo de Carlos.

MARGARET – Él es Carlos.

RAFAELA – ¿Por qué le mentís? ¿No ves que está mal? ¿No lo ves?

CARLOS – Soy Carlos.

RAFAELA – Basta, Jeremías. Conozco tu olor. Te conozco. Él nunca lo hubiera hecho. Es incapaz. No sé por qué te aguanto ahora que Carlos volvió. ¿Por qué no te vas? ¿Por qué no te vas de viaje? ¿Por qué no te vas? Andáte. *(Carlos sale. Silencio. Margaret y Rafaela sufren un ataque de risa.)* Qué gracioso. Es igual que cuando tuve los mellizos.

MARGARET – ¿Mellizos?

RAFAELA – ¿No te acordás? Fue... Claro, vos habías sufrido el accidente; estabas... eras... un vegetal y yo... a mí me sacaron los... gemelos. Idénticos. Los idénticos son los que se llaman gemelos ¿no? Uno nació muerto. Pero como eran iguales, sentí que no me perdía nada. Nunca me interesó tener dos ejemplares de una misma cosa. Bueno, papá, en ese sentido, siempre... Te quiero tanto. Quiero darte un abrazo, como si fuéramos hermanas. Como si... ¿Me querés? Margaret ¿vos me querés? Yo estoy confundida, Margaret. Yo estoy... un poco mal. ¿Sabés qué estoy pensando? Que Jeremías intenta... Quiere volverme... Creo que Carlos nunca volvió. Creo que... quiero decir que creo que Jeremías es Carlos, que no me... que son la misma persona ¿me entendés? ¿Me entendés lo que quiero decir?

MARGARET – Pero Carlos estuvo en el río mientras... En la playa.

RAFAELA – Sí, es cierto. Puede ser. Yo estoy un poco mareada. Sólo es eso. *(Silencio.)* Yo sé que vos y Jeremías se acuestan. No te preocupes, lo entiendo. No les guardo rencor. Voy a la cocina. Tengo que ver cómo sigue el horno.

MARGARET – Estamos en la cocina.

RAFAELA – ¿Ah, sí?

Ingresa Jeremías. Rafaela sale.

MARGARET – Abrí el vino. ¿No dijiste que ibas a abrirlo? No me hace bien tomar. Pero qué remedio me queda. Yo lo amaba tanto. Pero también la amo a ella. Tengo que respetar ese amor. Tengo que corresponderlo. ¿La resignación es algo que podemos regalar a quienes amamos? Porque fue por amor ¿verdad? Fue por amor que me quedé viuda ¿verdad? Que ustedes me dejaron viuda.

JEREMÍAS – ¿Viuda?

MARGARET – Es una forma, es una manera de decir... huérfana.

JEREMÍAS – Rafaela cree que hay algo entre nosotros. Se lo dijo a Carlos.

MARGARET – ¿Es posible que Carlos y vos sean una misma persona?

JEREMÍAS – Es posible. Sí, claro. Cómo no. Es. Es... Cómo no.

Carlos tararea una canción y baila.

MARGARET – ¿Qué hacés?

JEREMÍAS – Ah. Me distraje. *(Silencio.)* Vos no sabés cómo nos conocimos.

MARGARET – ¿Quiénes?

JEREMÍAS – Vos y yo.

MARGARET – ¿No lo sé?

JEREMÍAS – No, no lo sabés. Fue en el hospital. La clínica. Vos acababas de sufrir el accidente. Estabas inconsciente. Entré. Yo no te conocía. Eras una persona, una cosa que estaba muriendo. Ni siquiera distinguí si eras hombre o mujer. No me interesaba. Estabas muerta, estabas a punto de morir, qué importancia podía tener. Rafaela estaba ahí. Me gustó verla llorar. Me acerqué y... Fue bastante raro porque me subí, me monté sobre ella. Cogimos. Ella estaba en cuatro patas, así, como una perra. Yo se lo hacía mientras miraba los aparatitos, el monitor. Quería ver si te estabas muriendo, si morías. No era nada personal. Me parecía importante. Lo que estaba pasando me parecía importante.

MARGARET – ¿Para qué habías ido a la clínica?

JEREMÍAS – Me enamoré. Me pareció tan... Me parecía osado lo que hacíamos. Ella se sacudía contra la cama de su amiga que se moría, de su... Ustedes son amigas ¿no?

MARGARET – Ella es una persona muy importante para mí.

JEREMÍAS – ¿Pero qué son?

MARGARET – Ella es una persona, una mujer importante en mi vida.

JEREMÍAS – Cuando saliste del coma, ya estábamos casados.

MARGARET – Nunca me recuperé del todo. Del todo no. No completamente. Si no hubiera sido por Rafaela. Yo se lo debo todo. Por eso el primer día que salí; el primer día que pude tenerme en pie, salí y les compré el cachorro.

JEREMÍAS – Pensaba que si hubieses muerto en aquel momento. En el momento en que... Hubiera significado algo ¿no?

MARGARET – ¿Qué?

5
Jeremías, Margaret y Rafaela.

RAFAELA – Vamos a comer. Pero antes quiero que me besen. Los dos. Quiero que todos me besen. Cociné para ustedes. Mientras adobaba la carne pensé en pedirles que me besaran. Justo antes de probar la comida. Vengan. Vengan.

JEREMÍAS – Carlos está haciendo la curtiembre en el fondo.

RAFAELA – ¿A esta hora?

MARGARET – Supongo que estamos todos un poco desvelados esta noche.

RAFAELA – Estoy fascinada con la imagen de los faros de color en el río. Prefiero no hablar del tema. Preferimos no hablar del tema. ¿A dónde vas?

MARGARET – A buscar a Carlos. No queremos que se lo pierda ¿no?

Margaret sale.

JEREMÍAS – Se te ve contenta. Estás contenta ahora que Carlos volvió. ¿Estás contenta?

RAFAELA – Sí.

JEREMÍAS – ¿Vos también querés metértelo en la cama?

RAFAELA – ¿Por qué no?

JEREMÍAS – Estoy celoso. Estoy enfermo de celos. Estoy… *(Silencio.)* Lo que él hizo no es un verdadero crimen. El concepto del crimen es diferente… es algo refinado, es… El crimen en sí mismo es tonto, vulgar.

RAFAELA – ¿Hablás de Carlos?

JEREMÍAS – Quiero decir que fui yo quien lo mató. ¿Entendés?

RAFAELA – ¿Vos?

JEREMÍAS – Conceptualmente. Intelectualmente yo fui. Carlos es apenas un instrumento, un… Está bien, despreciáme todo lo que quieras.

RAFAELA – Estoy extenuada, Jeremías. Es tarde, hice la comida, tomé demasiado… Y sé que me querés. Lo que todavía no entiendo es por qué. ¿Por qué me querés?

JEREMÍAS – Lo odio, Rafaela. *(Se oyen ruidos y gemidos que vienen desde afuera.)* ¿Qué estarán haciendo?

RAFAELA – No sé. Supongo que se entienden. Hablás de Margaret y Carlos ¿no?

JEREMÍAS – Claro. ¿Vos decís en nuestra cama? *(Silencio.)* Se lo conté. Lo de la clínica. Se lo conté todo.

Rafaela lo muele a golpes. Empieza a sonar "Ladies'Night" de Ronald Bell, Kool & The Gang por KOOL & THE GANG. Reingresa Margaret bailando al ritmo de la música. Lo que sigue a continuación hasta que se indica que cesa la música, es apenas audible, a pesar de que todos hablan a los gritos.

MARGARET – ¿Se acuerdan? La ducha pierde. Está goteando. No hubo modo de…

RAFAELA – Sentáte a comer.

MARGARET – Me trajo a la memoria aquella película maravillosa que vimos juntas...

JEREMÍAS – Lo que yo te estaba queriendo decir es que el verdadero criminal está más cerca del concepto y más alejado del hecho. Quincey escribió...

RAFAELA – ¿De qué hablás?

MARGARET – De la película esa ¿cómo era que se llamaba? ¿Me siento acá?

JEREMÍAS – El criminal puro nunca comete el crimen.

RAFAELA – ¿Ah no?

JEREMÍAS – No. Quien lo ejecuta es un torpe al que despertaron de una pesadilla incomprensible y...

RAFAELA – ¿Vos lo viste acaso? ¿Vos le viste la cara cuando Carlos lo...?

JEREMÍAS – Dejá de hablar de Carlos. Dejálo. Basta. ¿Quién puso esa música? ¿Carlos puso esa música? ¿Podés bajar eso?

MARGARET – Es increíble, pero no me puedo acordar. Rafaela, estuvimos meses cantando la canción.

RAFAELA – ¿Nosotras?

MARGARET – Por Dios, Rafaela.

RAFAELA – ¿Fue antes de que me casara?

MARGARET – Éramos chicas.

La música cesa bruscamente. Todos miran hacia la cabina. Silencio.

JEREMÍAS – El criminal puro brilla. Brilla ¿entienden? El concepto del crimen y el crimen mismo no coinciden.

RAFAELA – Ya dijiste eso.

MARGARET – Esto estaba delicioso. Increíble, pero delicioso. Ah, sí: Joan Crawford trabajaba. *(Cae de bruces.)* ¿Qué me pasa?

JEREMÍAS – ¿Qué te pasa?

MARGARET – No me puedo... No puedo pararme.

RAFAELA – ¿Qué te pasa?

MARGARET – ¿Dónde está? Jeremías, no te hagas el gracioso. ¿Fuiste vos?

RAFAELA – ¿De qué hablan?

MARGARET – Me falta una plaqueta. Una… Como una especie de planchuela de plástico rosado que va acá, traba y destraba los huesos de la cintura. No se rían.

RAFAELA – Dásela, Jeremías.

JEREMÍAS – Yo no tengo nada.

MARGARET – Vos también te estás riendo.

RAFAELA – ¿Yo?

MARGARET – Te estás riendo. Te estás burlando.

RAFAELA – Tratá de pararte igual. ¿A ver?

MARGARET – No puedo.

RAFAELA – Tratá.

MARGARET – ¿No ves que no puedo?

RAFAELA – Jeremías, terminála. No te rías más. Dásela.

JEREMÍAS – Dejála. Que se quede ahí tumbada. Si no te gusta, ayudála. Ayudála a que se levante.

MARGARET – *(Canta.)*

> I've written a letter to Daddy
> His adress is heaven above
> I've written dear Daddy we miss you
> And wish you were with us to love.
> Instead of a stamp I put kisses
> The postman says that's best to do
> I've written this letter to Daddy
> Saying I love you.

Silencio.

Me dejó porque se cansó de mí. No es difícil. No es difícil entenderlo. Todos esos viajes y los quirófanos tan iluminados. Ahora necesito mucha luz para dormir, sí mucha luz. Hay muy poca luz en esta casa. Y no era fácil. No, no era fácil soportar mis gritos de noche. Yo aullaba de dolor. Se cansó y por eso me dejó. Todos sabíamos que terminaría así.

RAFAELA – Eso no es razón. Él no tenía por qué hacer eso. Si me hubiera querido como decía no te hubiera dejado. ¿No comen más?

JEREMÍAS – ¿Qué era?

MARGARET – ¿Qué cosa?

JEREMÍAS – ¿Qué era? ¿Qué comimos?

MARGARET – Yo tampoco tengo más hambre. No. Ya no pienso tanto en el suicidio últimamente. Ya no tanto.

JEREMÍAS – Lo atractivo del suicidio es que no puede distinguirse al criminal de la víctima. Si yo matara a Carlos ¿sería un crimen o un suicidio?

MARGARET – Sos mala, Rafaela. Sos una persona malvada y cruel. Yo te amo profundamente, pero quiero que sepas que vos manejabas el auto. Cuando yo bajé para abrir la tranquera del rancho…

JEREMÍAS – Duerme. *(Silencio. Efectivamente, Rafaela está dormida.)* Le di unas pastillas. Pocas. No las suficientes. Hoy no lo haría. Hoy no. Se las di para poder descansar. Todo tiene un límite. Más no la puedo querer. Más no te puedo querer, Rafaela. Por lo menos no todo el tiempo. Sé que no la querés.

MARGARET – ¿Por qué decís eso? ¿Cómo te atrevés? ¿Cómo te atrevés a…?

JEREMÍAS – No. No la querés lo suficiente. Yo lo maté para complacerla. Y vos no dejás de lamentarte. ¿Creés que la hacés feliz así? ¿Eso creés?

MARGARET – No. Vos no lo mataste. Porque vos no sos Carlos.

JEREMÍAS – ¿Cómo sabés?

Silencio.

Jeremías se acerca a ella. Se agacha. Por debajo del vestido introduce su mano en la vagina de Margaret.

MARGARET – Me estás lastimando.

JEREMÍAS – Tomá. Tomá tu plaqueta.

MARGARET – No va así. No va así. *(Jeremías intenta otra maniobra.)* Tampoco. *(Jeremías finalmente logra acomodar la plaqueta con la ayuda de Margaret.)* Ahora sí.

Silencio.

JEREMÍAS – Él era un buen perro. *(A Rafaela.)* Rafaela. Vamos. Es tarde. Está amaneciendo. El resplandor de la mañana me impide manejar. Podríamos sufrir un accidente.

MARGARET – El camino está cada vez más escarpado. *(Rafaela despierta.)* Después tenés que enterrar a Marcus. ¿La llevás vos?

RAFAELA – Traje el auto.

MARGARET – Cierto.

RAFAELA – Gracias.

MARGARET – No. Gracias a vos. Por todo. Cuando vayas a entrar al auto, cuidado con las aves. A veces se te meten. No sé por dónde. Si pasás por la costa, cerca del muelle, fijáte si está el auto todavía. Debería estar la puerta abierta y los faros encendidos. Y llamáme después. Necesito saber si el auto está de frente o de cola al río. No creo que me acueste esta noche.

RAFAELA – Miren. Miren. Ahí afuera. ¿Lo ven? ¿Lo ven? ¿Lo ven?

MARGARET – Levantan vuelo.

JEREMÍAS – Lo trajo la crecida.

RAFAELA – Le falta un zapato.

FIN

GEOMETRÍA

En ningún caso tienen las matemáticas ningún derecho a decretar nada respecto a la realidad. Lo único que podría decirse es que, debido a tal y tal teorema, uno tiene que esperar que la morfología empírica tomará tal y tal forma. Si la realidad no obedece al teorema —eso puede ocurrir— ello hace la situación todavía más interesante.

RENÉ THOM

No sé qué le parecerá al mundo; pero a mí mismo, me parece que he sido sólo como un niño jugando a la orilla del mar y divirtiéndose de vez en cuando al encontrar una piedra más suave o una concha más hermosa de lo normal, mientras el inmenso océano de la verdad yacía ante mí sin descubrir.

ISAAC NEWTON

Geometría, con dirección de Mónica Viñao, se estrenó el 5 de mayo de 1999 en Shizuoka, Japón, en el marco de las II Olimpíadas Teatrales. En Buenos Aires inició su temporada el 28 de mayo del mismo año en el teatro Babilonia. También participó en el II Festival Internacional de Buenos Aires. En todos los casos el reparto fue el siguiente:

ELENCO

Denis	Patricio Contreras
Judith	Andrea Bonelli
But	Carlos Santamaría
Franca	Vanesa Cardella
Vestuario	Renata Schusheim
Escenografía	Valentina Bari
Sonido	Carlos Abate
Asistente de dirección	Jorge Rod
Dirección	Mónica Viñao

1

La acción se desarrolla en el lobby de un hotel.

JUDITH – Me gusta esta parte del planeta. Lagos y gendarmes. Cuidado con eso. Un tropezón tuyo y pierdo lo que te serviría para vivir sin preocupaciones hasta el día que mueras. ¿Cómo te llamás?

BUT – But.

JUDITH – Un nombre interesante. De mascota. Voy a descansar un poco, But. Tenés que conocer a mi hija. Debe estar por venir. Se entretuvo en el local de municiones de la entrada. Jamás se perdería. No, jamás. Es una perra con nombre de diosa que arrastró detrás de mí como un castigo por haberme enamorado de Frank hace veinte años. Me embaracé de él sin pensarlo y bauticé como Franca al engendro. Así y todo Frank me abandonó para siempre. Me casé de inmediato para olvidar y mi marido le regaló su apellido a Franca. Estoy segura de que le vas a caer bien. Tiene varias adicciones. ¿Creés que será interesante la convención?

BUT – Creo que la matemática es siempre interesante.

JUDITH – ¿De dónde sacaste eso?

BUT – Lo leí en un folleto que hay en el mostrador.

JUDITH – ¿Habrá muchos participantes?

BUT – Tal vez.

JUDITH – ¿Oís la ambulancia? Ahí traen a mi marido. Permanece en estado catatónico desde hace dieciséis años. Tiene reservada una habitación en la planta baja, como siempre que nos alojamos en hoteles altos. Vos vas a ocuparte bien de él. Supongo que le interesa viajar. En Filipinas alguien dijo una vez que lo vio sonreír. Yo no lo creo porque me gusta la precisión de la ciencia positivista, donde hay tan poco margen de error y de magia. Él mismo era matemático, o lo es; es difícil decidirlo. Si estuviera muerto también lo traería conmigo; después de todo, los lujos que me doy se los debo todos a él. Nunca lo amé, pero siento un respeto formidable por su forma de morir. Y él la quiso siempre a Franca, lo cual no deja de ser odioso, pero conmueve. Voy de convención en convención por el mundo con mi cadáver. Lo llamo por sus iniciales, pronunciar su nombre me produce infinita tristeza: me llevo mejor con su cuerpo muerto que con su cuerpo vivo. Su vitalidad es excretora, sudorosa y supurante. Su mortandad es plácida, relajada y liberadora. Bien. But: esto es todo lo que tenés que saber de mí. No quiero preguntas extrañas.

2

FRANCA – Ya tengo veinte años. ¿Por qué me seguís trayendo?

JUDITH – Aborrezco tus preguntas, Franca, lo sabés.

FRANCA – ¿Suponés que vas a reencontrarte con Frank algún día? Soy una especie de carnada ¿no es cierto?

JUDITH – Te detesto por encima de todas las cosas. Jamás entretendría un pensamiento mío en vos.

FRANCA – Es decir que no sabés por qué me arrastrás por el mundo.

JUDITH – Exacto.

FRANCA – ¿Es verdad que soy hija de Frank?

JUDITH – Nunca entendí en qué puede afectarte ese dato.

FRANCA – Sabés que tarde o temprano voy a suicidarme.

JUDITH – ¿Y qué tiene que ver eso?

FRANCA – ¿Cómo?

JUDITH – ¿Qué tiene que ver eso con lo que estamos hablando?

FRANCA – No sé si hacerlo antes o después de que muera papá.

JUDITH – ¿Vas a asistir a la ponencia de esta noche?

FRANCA – But me invitó a conocer los alrededores.

JUDITH – ¿Y el toque de queda?

FRANCA – Él dice conocer la región.

JUDITH – Europa está sucia. Quién iba a pensar que el integrismo musulmán contaría con tantos adeptos entre habitantes tan exquisitos.

FRANCA – ¿Será muy peligroso?

JUDITH – La guerrilla no es exactamente peligrosa, es más bien sorprendente.

FRANCA – Voy a salir de todos modos. Me aburro.

JUDITH – Podrías enamorarte de ese chico. No es del todo feo. Y un nieto es lo único mío que podría quererte.

3

DENIS – ¿Y la hija?

BUT – Sólo piensa en el suicidio.

DENIS – ¿Tuviste relaciones con ella?

BUT – ¿Por qué le interesa?

DENIS – Todo lo que tiene que ver entre un hombre y una mujer me interesa.

BUT – Sólo los preliminares.

DENIS – ¿Por qué?

BUT – Ella ignora que exista otra posibilidad.

DENIS – Entonces no es virgen.

BUT – No puedo saberlo. ¿Va a registrarse solo?

DENIS – Sí.

BUT – No hay habitación disponible, pero igualmente voy a acomodarlo. ¿El resto de su equipaje?

DENIS – El detector de metales del aeropuerto identificó una bomba en mi valija. Están tratando de desactivarla.

BUT – ¿Una bomba? ¿Cómo hizo para llegar hasta aquí?

DENIS – Nadie tenía que saber que esa valija era mía.

BUT – No porta armas entonces.

DENIS – ¿Por qué especula?

BUT – Es mi trabajo.

DENIS – No. Nada metálico. ¿La convención?

BUT – Comenzó ayer. En unos minutos tendrá lugar la cuarta ponencia. ¿Le interesa?

DENIS – Como aficionado.

BUT – ¿Cómo desayuna?

DENIS – El diario y tostadas.

BUT – No se editan periódicos desde el primer ataque. La redacción está en ruinas. De hecho se está convirtiendo en una atracción turística.

DENIS – Jugo de frutas entonces. Y usted me relatará las novedades al despertarme. ¿Cuántos años tiene?

BUT – Veinte.

DENIS – Un número indecente.

4

BUT – Mi mente, mi psiquismo, mi subjetividad, está afectada por la matemática. Trabajo en este hotel, donde sólo se alojan congresistas, desde que tengo doce años. Nadie habla en el lobby de las ponencias, pero igualmente se respiran, están en el aire, hay algo exacto y ridículo en todas las actitudes. Mi comportamiento también lo tiene. Y mi conducta responde inexorablemente a la solicitud lógica de axiomas que no entiendo. Me es sumamente complicado trabajar por la libertad cuando la libertad está reglada. Siempre intercambié favores sexuales por propinas de los huéspedes. Estoy ahorrando fondos para la causa rebelde. Me han dicho que sé lograr algo singularmente creativo en el acto sexual con desconocidos. Mi nombre es But. Siempre que vengan van a encontrarme dispuesto a todo.

5

JUDITH – Frappé. Gracias.

DENIS – ¿No puede dormir?

JUDITH – Disfruto de la música. Es llamativo que toquen. Quizá ni siquiera saben que estamos aquí.

DENIS – Dios sí sabe.

JUDITH – La puerta de cristal del comedor está a punto de romperse, ¿pudo notarlo?

DENIS – Noté como usted la maltrataba. Esto está exquisito.

JUDITH – Judith.

DENIS – ¿Es posible que un aeropuerto de nueve pistas esté montado por un solo hotel?

JUDITH – Es una extraña región. Dicen que en otra época, anterior a las convenciones, había comercio, y la industria del embutido prosperaba; luego hubo ese tratado. ¿Conoce Palermo?

DENIS – No.

JUDITH – Hablo del fin de la guerra. Después todo cambió. Y quedó esto.

DENIS – Delicioso lunar.

JUDITH – Un tumor. Como todo lo que llama la atención. Una bomba en el quinto piso hizo fracasar la ponencia de hoy. Se la remplazará con un minuto de silencio.

DENIS – ¿Participa del congreso?

JUDITH – Mi marido. No dejan de invitarlo a pesar de su estado. Yo pispeo alguna cosita suelta. Suele entretenerme.

DENIS – ¿Por ejemplo?

JUDITH – El nombre de ciertos acertijos. La soberbia de lo que llaman categorías superiores. El número increíble de palabras esdrújulas. ¿Usted?

DENIS – Me gusta atender a las noticias. ¿Qué opina del asesinato?

JUDITH – ¿En el piso quinto? Fue una bomba. Detonada a la ligera según entendí. Algo tan azaroso como un accidente. No me parece prudente hablar de asesinato.

DENIS – Quebró el orden.

JUDITH – ¿Qué orden?

DENIS – Es el tema con que la orquesta se despide. Baile conmigo.

Bailan.

JUDITH – Desconozco sus intenciones. Pero quiero que sepa que nunca volveré a ser capaz de amar a nadie. Me inclino por la crueldad.

6

FRANCA – Me interné con But en el bosque. Me perdí de él y participé del combate. Fue primitivo y bestial. Aunque parapetarse en el bosque silencioso tiene algo de infantil, algo de gnomo. Cuando un disparo suena como una rama que se quiebra, o cuando un cuerpo sin vida se desploma sobre el colchón de espinillos húmedos, los pájaros gritan alborotados y el perfume del pinar golpea la conciencia hasta nublarla. Según los informes se produjeron varias bajas entre los gendarmes. Un triunfo parcial de la tropa cetrina. Ahora es posible que se negocien cincuenta codos de la línea de frontera. Regresé al hotel a través de los túneles. Incluso But ignorará que desde ahora llevo una doble vida. Él, para quien aquí soy Franca, no supondrá que en la espesura soy otra que responde al nombre legendario. Norma sabe cuándo y por qué morir.

7

BUT – ¿Le sirvo el vermú?

DENIS – ¿Qué vermú?

BUT – A esta hora el visitante medio se sirve vermú.

DENIS – ¿Vos entraste anoche en mi habitación?

BUT – Si el cliente no desea vermú, no es necesario que lo tome, pensé que tal vez le gustaría asimilar las costumbres del establecimiento.

DENIS – Sacaste algo de mi armario. No pude averiguar qué.

BUT – Un calzoncillo. ¿Conforme?

DENIS – ¿Por qué?

BUT – Prefiero que me exija que se lo devuelva a tener que responderle eso.

DENIS – Devolvémelo.

BUT – No.

DENIS – Quiero mi calzoncillo.

BUT – Es absurdo. Usted tiene docenas.

DENIS – No deja de ser mío.

BUT – Esto es humillante.

DENIS – Y con lógica.

BUT – No puedo devolvérselo. Lo llevo puesto. Lo que lo hace doblemente humillante: descubrí que estaba usado. Es probable que en este instante me esté contagiando un hongo epidérmico. Algo que sólo los hombres podemos contraer. Lo siento. Pero necesito el dinero.

DENIS – ¿Qué dinero?

BUT – Yo nunca quise hacerle daño. Pero al punto que hemos llegado es necesaria una reparación económica.

DENIS – Puedo regalártelo. Puedo hacer de cuenta que nunca fue mío.

BUT – Imposible. ¿Cómo sería eso? Están sus iniciales en el clásico. Curioso color el del bordado.

DENIS – Magenta.

BUT – ¿Pretende que yo cambie de nombre?

DENIS – ¿Qué sugerís?

BUT – Entre trescientos y quinientos. Yo exigiría sólo trescientos. Pero es obvio que no los voy a poder aceptar. Jamás me lo perdonaría. Seiscientos. Pueden ser cheques de viajero.

DENIS – Acá están. Desvestite.

8

FRANCA – ¿Y eso?

BUT – Lo fabriqué yo.

FRANCA – ¿Es un invento?

BUT – Es un modelo de catástrofe elemental.

FRANCA – ¿Para qué sirve?

BUT – Todavía no lo pensé.

FRANCA – ¿Puedo probar?

BUT – El soporte es de imposible construcción. Por eso la percha.

FRANCA – Podría anticiparse las formas que irá adquiriendo la espuma del champán en una copa.

BUT – ¿De qué modo?

FRANCA – Haciendo que gire así.

BUT – Fabuloso.

FRANCA – El objeto topológico puede servir para probar lo imprevisible. ¿Ves? Al girar la manivela, la percha ondula suavemente en este extremo y en este otro se precipita en un salto.

BUT – ¿Y eso qué significa?

FRANCA – La catástrofe.

BUT – ¿Dónde aprendiste cálculo?

FRANCA – Supongo que tiene que ver con la teoría que mi padre estaba desarrollando antes de caer en su actual estado. Desde chica estoy familiarizada con la geometría.

BUT – Franca. Tus ojos empiezan a brillar.

9

DENIS – Suponía que esta misión sería la última. La acepté con el entusiasmo de la resignación. Si tengo éxito la bomba en el aeropuerto no podrá desactivarse, la comarca quedará aislada del mundo al igual que la sedición de los morenos, y yo ya no podré regresar. Me pagan para salvar el mundo de algo que nadie comprende. No esperaba conocer a Judith. La variable imprevista. El amor se desliza como un nuevo principio. Judith. Noto cómo el número de mis prendas íntimas decrece día a día. Dudo si preguntarle al botones.

10

FRANCA – Creí que llovía.

DENIS – Es una mañana espléndida.

FRANCA – Dormí profundamente. Quizá soñé que llovía.

DENIS – ¿Tu madre?

FRANCA – Supervisando el almuerzo de papá, supongo. Sería capaz de amarlo con tal de evitarme.

DENIS – ¿Nunca lo amó?

FRANCA – Estuvo siempre demasiado dedicada a odiarme. Todos la admiran por eso.

DENIS – Pobre mujer.

FRANCA – El odio nunca se satisface. Por eso sueño con el día en el que, sin una buena razón, me ausentaré para siempre.

DENIS – ¿Es un pronóstico intuitivo o una vulgar decisión?

FRANCA – Nostalgia.

DENIS – No hace sentido.

FRANCA – Claro. Por eso me interesa.

DENIS – ¿Te parece inapropiado mi aspecto?

FRANCA – Inusual.

DENIS – Me gusta esperar así las noticias de la mañana. Quiero estar enterado de todo antes de elegir la ropa que ponerme.

Entra But.

BUT – La bomba en el aeropuerto explotó minutos después de las tres. Afortunadamente el viento ascendía por las laderas del norte y la detonación no despertó a los huéspedes. Las pistas de aterrizaje fueron reemplazadas por un cráter gigantesco. La comarca está aislada. Se espera que los generadores de emergencia dejen de funcionar en veinticuatro horas. En la cocina se rumorea que el aceite será utilizado para iluminación. Se supone que nos preparemos para los interrogatorios. Los inspectores se alojan en el piso alto.

DENIS – Creo que azul es el color apropiado.

A una distancia, Judith; ajena a lo que sigue.
DENIS – Mirála.
BUT – Volvió a cambiar de peluca.
DENIS – No me refiero a eso.
BUT – ¿No es suficiente ya?
DENIS – La botella es mía. Yo la pagué.
BUT – Como guste. Los inspectores están desorientados. Todo indica que el atentado al aeropuerto fue perpetrado por la nueva líder del grupo rebelde.
DENIS – ¿Norma?
BUT – No es justo. Es notable como creció su popularidad. Todos parecen amarla.
DENIS – Es simpática.
BUT – ¿La conoce?
DENIS – No. Su popularidad consiste en que nadie sepa quién es ¿no es así? Un truco bien pasado de moda.
BUT – No le permito
DENIS – ¿Sos uno de sus fanáticos?
BUT – Tarde o temprano los inspectores sabrán que es absurdo que ella hiciera algo así. El aeropuerto era la puerta de salida del movimiento hacia el resto del continente. Incluso para la comarca el contrabando aéreo era la única industria más o menos pujante. Es obvio que sólo un extranjero pudo perpetrar el atentado.
DENIS – ¿Lo decís por mí? El hotel está lleno de extranjeros.
BUT – Pero usted es el único que no está afectado al congreso. La deducción es matemática. Además yo sé que la valija con los explosivos era suya. Me lo dijo usted mismo.
DENIS – Y no me importa haberlo hecho. Todo forma parte de mi estrategia. Hago aparecer los

hechos de un modo ridículo: la investigación se desorienta y el caso es abandonado. Jamás falla.

BUT – ¿Por qué me lo explica?

DENIS – ¿Y cómo explicarlas vos que lo sabés? Además puedo estar mintiendo.

BUT – Su orgullo no se lo permitiría.

DENIS – Pudiste ser vos. Tampoco estás afectado a la matemática.

BUT – Pero no soy extranjero.

DENIS – Eso no podés saberlo. Además colaborás para la causa rebelde. Sé que el dinero que obtuviste de mí lo utilizaste para eso. Estamos iguales. Yo pude ser el causante de la desaparición del aeropuerto, y vos estar financiando la guerrilla.

BUT – Yo no maté a nadie.

DENIS – Todavía.

BUT – ¿Cómo averiguó lo de mis inversiones?

DENIS – Eso no interesa. Las personas no tienen secretos para mí. Me basta mirarlos para darme cuenta qué piensan, qué quieren, qué esperan que les compren. Menos ella.

BUT – No hay nada que saber de esa mujer. Ella no quiere nada.

DENIS – ¿Seguís intimando con la hija?

BUT – Ya no. Estamos desarrollando un teorema a partir de un objeto topológico que inventé por casualidad. Tiene que ver con las teorías que soñó su padre.

DENIS – ¿Por qué la sonrisa al afirmar que no mataste a nadie?

BUT – No es vanidad. Es un hecho.

DENIS – Podrías asesinar, si yo quisiera.

BUT – No lo creo

DENIS – Yo sí lo creo.

BUT – ¿De qué modo?

DENIS – Puedo hipnotizarte. Así.

Lo hipnotiza.

BUT – Veo manchas blancas.

DENIS – Por supuesto. Estás bajo mi influjo.

BUT – ¿Qué es lo que voy a hacer?

DENIS – Eliminar a Franca.

BUT – ¿Cuándo lo voy a hacer?

DENIS – Por la noche. Después de la decimotercer ponencia.

BUT – "Asíntotas interrumpidas: el horizonte como límite del concepto de límite".

DENIS – No habrá testigos; pero vas a dejar una evidencia. No debe pensarse que fue un accidente.

BUT – Claro que no.

Oscuridad.

DENIS – El apagón.

But sale del trance hipnótico.

BUT – Hasta recién veía manchas blancas. Ahora todo está oscuro. ¿De qué estábamos hablando?

DENIS – De asesinato.

BUT – ¿Qué asesinato?

DENIS – Ninguno en particular. Era una discusión abstracta.

BUT – Voy a buscar las lámparas de aceite.

DENIS – Brindo por vos. Judith. El frío del vino también nos va a abandonar.

12

JUDITH – Qué oscuro.

FRANCA – La luna atraviesa el valle a ras de la montaña. Y los pinos crecieron mucho los últimos años.

DENIS – ¿Cómo sabés eso?

BUT – Debo ahorrar combustible para el congreso. Por eso la falta de lámparas. Sabrán disculpar.

JUDITH – Las baterías del respirador de tu padre deben estar por descargarse. Quizá celebremos un velorio después de todo.

DENIS – Me sirvo caviar. Antes de que empiece a ponerse rancio. Es notable cómo todo tiende a despedir el mismo olor.

JUDITH – Se te ve rara, Franca: entre las sombras.

FRANCA – El amanecer será mejor.

JUDITH – Juguemos a escondernos. Y que el señor nos busque.

Se esconden. Un viento helado recorre el lobby. Una ventana que se abrió golpea insistentemente contra una cortina. El ruido es sordo, amortiguado.

BUT – ¿Por qué tanto silencio? Nunca se debe combinar la oscuridad y el silencio. No quiero mirar hacia donde están mis manos. Tengo miedo de no encontrarlas o encontrar otras que no sean las mías.

JUDITH – ¿Dónde estoy? Nadie me dijo el nombre de esta ciudad. Tampoco sé qué lengua emplean para orientarse. Hace tantos años que estoy perdida. Cuando salga de mi escondite voy a llorar.

DENIS – Planear un crimen fue siempre una práctica abstracta, una estratagema del cálculo. Nunca toqué a mis víctimas. A la mayoría ni siquiera las vi. Siempre me mantuve alejado de la sangre, ajeno a la sensualidad del asesinato. Franca: un último crimen para liberar a Judith del odio. Qué tiempos estos. Sé que nunca me iré de aquí. Me pregunto dónde comenzó este viaje.

FRANCA – Es fascinante. Coloqué cuatro bolillas sobre el plano topológico. Cuando But lo vea. Es increíble cómo se movían desde la percha hasta el borde. Mi padre tenía razón. El pliegue en el plano funciona. Y mi experiencia con las bolillas sólo puede probar una cosa: la comarca se precipita al salto. Triunfo para los rebeldes.

JUDITH – ¿Quién es que está frente a mí? Su abdomen despide calor. Usted tiene fiebre.

DENIS – ¿Judith?

JUDITH – Me atrapó.

FRANCA – No me buscan. Mi destino ya está en otra parte.

DENIS – Ahora puedo verte.

BUT – Una luz se encendió.

JUDITH – Franca.

DENIS – Está brillando.

BUT – ¿Por qué llora, señora?

FRANCA – Porque él no es Frank. Y ni siquiera sabe su nombre. Lo detesta por eso.

JUDITH – No es cierto.

FRANCA – No hay amor, mamá. No para nosotras.

JUDITH – Estás enferma de celos, Franca. No podés soportar que alguien no quiera morir.

FRANCA – No son celos. Es un dolor que nunca entenderías. No quiero hablar de eso.

JUDITH – ¿A dónde vas?

BUT – Se lleva la luz.

FRANCA – Quería mostrarte mi descubrimiento, But. Pero vas a tener que esperar hasta mañana. Una de las bolillas, la negra, se perdió en la oscuridad. Vamos a buscarla en cuanto amanezca. Voy a mi habitación. A descansar.

Sale.

JUDITH – Qué rápido se acostumbra el ojo a la oscuridad.

DENIS – No te veo. Pero puedo sentir tu olor.

JUDITH – La luz sólo nos consuela de la ceguera.

DENIS – Empezaron a tocar.

JUDITH – De nuevo la canción de esa mujer.

BUT – Es un himno.

JUDITH – Sí, esa moda febril. Oportunista pero bello.

BUT – Por la falta de energía no funciona el sistema electrónico de información. Esta es la nueva manera de anunciar el comienzo de la próxima ponencia.

JUDITH – ¿Y van a tocar hasta que termine?

BUT – No queda remedio.

DENIS – ¿De qué ponencia se trata?

BUT – La decimotercera.

JUDITH – "Asintotas". Que dure lo mismo que la noche. No creo que pueda dormir.

BUT – Veo manchas blancas. Debo obedecer al mandato: eliminar a Franca. Me encamino, guiado por una fuerza que no conozco, hacia el bosque. Antes debo conseguir una antorcha.

13

JUDITH – Ese fue el último acorde. Voy a abrir la ventana. La mañana está por comenzar.

DENIS – Te amo, Judith.

JUDITH – ¿No es gracioso cómo el viento contra las ramas se parece al crepitar de una fogata inmensa?

DENIS – ¿Cómo?

JUDITH – Se lo ve triste.

DENIS – Judith. Mi nombre es Denis. Puedo soportar la vergüenza de tu rechazo. Pero es necesario que lo sepas.

JUDITH – ¿Qué cosa, Denis?

DENIS – Que te amo.

JUDITH – Está bien.

Entra But.

BUT – Se está incendiando el bosque.

DENIS – Es verdad. El bosque está en llamas.

JUDITH – No era el viento.

BUT – Todo indica que el fuego se inició en el campamento rebelde.

DENIS – Se oyen gritos horribles.

BUT – Lamentos por la muerte de Norma. Muerta en una inmensa hoguera.

JUDITH – Salgamos a ver.

14

BUT – Volví a tener ese sueño. Nadie puede interesarse aquí por lo que soñó el sirviente But. Pero tan nítido, tan claro. Me encontraba con Norma en el bosque y tomábamos el té. Y ella me confesaba: 'Soy Franca, But. Soy Franca. Algún día decíselo a mi madre'. Luego ardió como un chubasco del infierno.

15

JUDITH – Es curioso. Franca no regresó. Hace días que los directores del congreso aceptaron su tesis para que haga una demostración con la máquina de But en las ponencias juveniles. No conservo ninguna fotografía de ella y poco a poco también voy olvidando el rostro de Frank. Aunque esta tardía manifestación de talento para las matemáticas me hacen sospechar que es efectivamente hija de quien le dio el apellido. El mundo está lleno de sarcasmo. Hace ya demasiado tiempo que me prometieron viudez. La teoría de Franca, que fue iniciada por mi marido, habla de un plano topológico que se pliega como una curiosa alfombra. Algunos puntos pueden moverse sorpresivamente traspasando la alfombra y otros deslizarse por una suave ondulación. ¿En qué punto del plano topológico estaré ubicada yo en este instante?

16

BUT – Parece un milagro. El respirador del señor dejó de funcionar. Todo indicaba que era el fin. Hubo un estertor. Pero el aire frío de la montaña parece funcionar. Gimió. La respiración es ruidosa pero suficiente. Acaba de comenzar la centésima decimocuarta ponencia: 'El valor transfinito de los números imaginarios y el cuboide bajo la perspectiva de la voluntad cíclica'. Regreso en un momento. Los inspectores me reclaman.

JUDITH – Me pregunto si fue que Franca perdió el rumbo o que simplemente nos abandonó. Creo recordar haber visto que brillaba. Fue la noche del incendio, ¿verdad?

DENIS – No recuerdo.

JUDITH – Qué extraños los juegos de la mente ¿cierto? No puedo dejar de sospechar que usted tiene que ver con la ausencia de Franca. Me siento locuaz. Háblame, Denis. Dígame por qué me ama.

DENIS – Porque apareciste en el mismo lugar en que perdí mi fe.

JUDITH – Usted no es del tipo devoto.

DENIS – Tiene más que ver con una mirada. Una imagen del mundo. Una cierta intuición.

JUDITH – Entiendo.

DENIS – No sé si fe es la palabra.

JUDITH – La única auténticamente plena es la que se perdió.

DENIS – ¿La tuya, Judith?

JUDITH – Los buenos razonamientos siempre me deleitaron con la fuerza de un movimiento sensual.

DENIS – ¿Ya no?

JUDITH – Me distraje. Su boca, Denis, dibuja en su rostro una singular simetría. Acérquese un poco más.

DENIS – ¿Así?

JUDITH – ¿Sería capaz de besarme, por favor?

Entra But.

BUT – El viento puso en su lugar la evidencia de que el incendio del bosque fue provocado. Una prenda íntima del pirómano se enganchó en una de las aristas del monumento que se levanta en memoria de Norma. A riesgo de aparecer supersticiosa la policía supo ver en ese signo la verdad que anuda todas las incógnitas. La prenda lleva sus iniciales bordadas en magenta, Denis. En el interrogatorio no me atreví a mentir. Y sé que por eso me guardará rencor, pero se avecinan tiempos persecutorios. Ya vienen a proceder con el arresto. Dicen que su caso se usará para escarmiento de los que insisten en vituperar el paisaje. Despídanse.

DENIS – Judith: yo no cometí este crimen, pero sí otros.

JUDITH – No tengo preguntas, tampoco dónde ir, Denis. Las rutas aéreas ya no existen y nunca aprendí a montar. Aquí estaré hasta que usted vuelva. Aunque supongo que antes nos olvidaremos el uno al otro.

DENIS – Lo sé.

Denis sale.

JUDITH – ¿Sigue respirando?

BUT – Sí. Es notable cómo las caricias reducen el bramido bronquial.

JUDITH – Te tomó cariño.

BUT – Tras tantos años apartado del mundo, perdió la noción del dinero. Con sus propinas pronto me hará rico. Debo pensar en nuevas inversiones.

JUDITH – Sí, la gratitud es costosa.

17

But con su máquina topológica.
BUT – La bolilla negra jamás volvió a aparecer. Es probable que en un futuro no muy lejano, y con ayuda de un buen fondo financiero, puedan tipificarse variaciones en un plano topológico que imite los infinitos contornos de un cuerpo humano. Entonces la humanidad sabrá sin vacilación a quién amar. La ciencia es joven. Norma también lo era.

FIN

Postfacio

Suelo declarar que mis primeras obras fueron *Óbito*, *Un asesino al otro lado de la pared* y *Criminal* que reuní en un tomo que yo mismo financié, y que apareció en 1991 sin mejor título que el de las obras que contenía. Pero esto no es cierto. Quiero decir que no son estrictamente ésas mis primeras obras. En realidad escribí otra antes (entre 1982 y 1983) mientras hacía el servicio militar, meses después de que terminara la guerra de Malvinas. La obra se llamó *Por contrato de trabajo* y ganó (a través de interpósita persona) un incierto premio en Nueva York, lo cual me disuadió por completo de no continuar escribiendo, a menos que hubiese querido convertirme en autor de obras de teatro, cosa que no estaba en mis planes por entonces. Pretendía ser actor y para tal fin me afanaba infructuosamente en los talleres de entrenamiento actoral que coordinaba Carlos Gandolfo. Si escribí esa obra lo hice por satisfacer la sugerencia de una amiga de quien estaba yo secretamente enamorado, Ruth Scheinshon. Y si ella lo sugirió no fue por un capricho irracional sino porque existían precedentes que yo mismo había sentado. Quiero decir que anteriormente ya me había aventurado con algunos materiales, todos ellos breves, de entre los que cabe rescatar uno titulado *Dos mujeres*. Podría decirse entonces que *Por contrato de trabajo* tampoco es mi primera obra. Aunque si soy fiel a un recuerdo de adolescencia tampoco lo es *Dos mujeres*, sino un material cuyo título hace años no retengo y que debí escribir entre mis trece y mis catorce años (ni siquiera tengo claro si para entonces había ido yo alguna vez al teatro). Vagamente recuerdo que se trataba del monólogo de un joven trastornado que tenía entre sus manos algo que el público nunca veía y que terminaba revelándose como un pollito al que el personaje mataba por asfixia. No puedo hacer que las fechas concuerden con cierta coherencia, pero todo me hace suponer que se trataba del burdo remedo de la secuencia vedette de *Juegos a la hora de la siesta* de Roma Mahieu dirigida por Julio Ordano donde el debutante Gerardo Romano mataba a sangre fría un pobre gorrión en alusión a los vigentes asesinatos perpetrados por facciones fundamentalistas de nuestro país. De esto harán unos setecientos años o algo así.

¿Cuál es mi primera obra entonces? ¿Puedo considerar un garabato adolescente una obra? Supongo que no. Mi primera obra fue, desde el punto de vista de la decisión de escribir teatro, *Óbito*, obra que escribí entre mis veinticinco y mis veintiséis años. *Un asesino al otro lado de la pared* y *Criminal* fueron más efecto residual del impulso que completó *Óbito*, que el ejercicio consciente de estar escribiendo dos nuevas obras. De hecho *Criminal*, que me abriese tantas puertas años más tarde, fue escrita (en su primera versión) en apenas dos semanas. Sospechaba que algo que tan poco tiempo y esfuerzo me había requerido difícilmente podía darme algún rédito artístico de consideración. Me equivocaba, y no sería la última vez. Nada parecido a la justa ecuanimidad (adecuada proporción entre esfuerzo y resultado) se da en esta tarea que ahora me ocupa de lleno y a diario. Lo cual es por lo menos alarmante.

Terminar de escribir una obra es una experiencia impactante. Terminar de escribir la primera es una experiencia aterradora. Algo acaba de terminarse para que algo (mucho más difícil que escribir una obra de cabo a rabo) recién comience. Ese algo puede resumirse con la pregunta *¿qué cuernos hacer ahora con la obra?*

En el momento en que tuve reunidos esos "primeros" tres materiales (*Óbito*, *Un asesino...* y *Criminal*) yo estaba estudiando la carrera de psicología en la UBA.

Un compañero de facultad y amigo, Gustavo Hurtado, a quien yo admirada por su inteligencia y tal vez envidiaba por su carácter perennemente resolutivo, me conminó a publicar las piezas en cuestión. Me lo dijo con tanta vehemencia que no me atreví a contradecirlo. Llamé al dueño de una imprenta que él mismo me recomendó (era evidente que ningún editor podía interesarse en el material de un novel y desconocido dramaturgo), gasté todos mis ahorros y publiqué mi primer volumen. Lo hice con riesgo y con absoluta confianza en lo que estaba haciendo (tengo muy claro que la confianza estaba allí, aunque no puedo entender de dónde pudo salir ni en qué consistía esa confianza, es decir que no sé en qué confiaba), hasta el punto de importunar a mi tío Libero Badii para que hiciese un dibujo para la tapa. Era tal mi determinación que el bueno de Libero aceptó lo que no solía conceder a ningún pedigüeño de mi estilo, aunque me pidió leer primero las obras. Se las di, las leyó y me dijo que le parecían una auténtica porquería. Sin desanimarme le pregunté si eso le impedía hacer el dibujo que yo necesitaba. Lo hizo, aunque no sé si de muy buena gana. Unas semanas después, cuando retiré los mil ejemplares de la imprenta, mi excitación no tenía límite (recuerdo que me ayudó con su coche mi amigo Pablo con su compañero de años, un tímido y amable comisario de abordo llamado Fernando Peña. Ninguno de ellos entendía qué me podía estar ocurriendo. Acababa de gastar un montón de plata que nunca podría recuperar y me mostraba la mar de contento).

Mi propósito al publicar aquel libro era hacer circular las obras en un mundo de directores de escena nada comprensivos. Yo creía que era ése el camino a seguir. Encontrar a un director que fuese *alguien*, para que hiciese de mis desconocidas obras *algo* y así poder dejar yo de ser *nadie*. Creo que muchos siguen creyendo que ése es el camino a seguir, como si existiese una especie de jerarquía apuntada en algún escalafón y del que no vale saltarse ningún peldaño bajo amenaza de ser considerado un paracaidista. Alguien nos hizo creer (a mí y a unos cuantos más) que había que esforzase por ser bueno y si uno tenía talento, trabajaba y tenía paciencia, la Justicia tomaría cartas en el asunto y uno obtendría, tarde o temprano, el reconocimiento que merecía y su lugar en el mundo del teatro estaría garantizado. Monstruoso error. Mentira cruel y despiadada que sólo ilusos de mi talla podíamos tomar por verdad.

De más está decir que por este camino *natural* nada en absoluto sucedió y en poco tiempo tuve la certeza de que había tirado la plata a la basura. Quiero decir, al decir que nada en absoluto sucedió, que no sucedió nada de lo que yo en mi infinita confianza (o simple ingenuidad) había soñado. Ningún director me hizo salir de mi involuntario anonimato. Hubo un ciclo de teatro semimontado en el Cervantes donde el siempre generoso Jaime Kogan (aunque debo aclarar que tras larga insistencia de mi parte) dirigió *Óbito* (¿o *semidirigió* sería la palabra dado el marco del ciclo?). Dos funciones. Por otro lado Bibiana Richiardi, por entonces comunista de "La Maga", escribió una breve reseña sobre el libro donde no decía que yo era un genio (de hecho a mi madre le comenté que había una nota sobre mi libro en "La Maga" y cuando fue al quiosco y no me vio en la tapa no la compró porque pensó que no había salido nada). Finalmente Jorge Dubatti, siempre a la pesca de lo nuevo, me hizo una extensa entrevista en los 36 Billares que nunca fue publicada. Y eso fue todo. O por lo menos todo lo que se refiere a lo público. Y eso nunca podía compensar la constante frustración que sentía al recibir devoluciones las más de las veces frías tras la lectura de las obras, por parte de muchísimas personas a quienes yo regalaba libros y libros. Suponía, en mi afán de darme ánimos (y tal vez no me equivocaba), que el hecho de tratarse de un libro en vez de un libreto salvaban a mi material de un destino seguro en el Cinturón Ecológico Bonaerense. En más de una biblioteca hogareña debe todavía lucir el simpático dibujo de Badii. Algo era algo.

Respecto de las devoluciones a la que hacía recién referencia, y a las que ahora siento más desorientadas que otra cosa, quiero referirme en especial a una que tiene a mi entender particular gracia.

Cuando a los catorce años yo comencé a ir a ver teatro (era mi hermana Gabriela quien me llevaba) quedé fuertemente impactado por un espectáculo. Se trataba de *Despertar de primavera* de Frank Wedekind con dirección de Alezzo que se presentaba en el teatro Olimpia de la calle Sarmiento protagonizado por Norberto Díaz y una debutante Luisa Kuliok (a quien no dudé en considerar una diosa de la actuación). Se trataba de uno de los espectáculos que pertenecían a lo que se llamaba Grupo de Repertorio. Yo fui capturado por el Teatro en esa ocasión. A partir de entonces no dejé pasar un solo montaje de Alezzo, *Tiempo de vivir*, *Sólo 80*, *Mi pueblo*. Vi actuar a la mismísima Heddy Crilla (sin conciencia de estar viendo un mito viviente), descubrí a la espléndida Lidia Catalano haciendo de una muda mucama, me descostillé con Nelly Prono. El Teatro Olimpia me llevó al teatro Payró donde quedé prendado de *Visita* de Ricardo Monti, espectáculo que vi siete veces, a la Sala Planeta en la que vi el *Peer Gynt* donde Franklin Caicedo hacía todos los personajes, el Embassy donde estrenara Pepe Cibrián *Aquí no podemos hacerlo*. Luego el Lasalle, el San Martín, el Cervantes; y puedo afirmar que entre mis catorce y dieciséis años (a los catorce comencé a estudiar teatro en el Payró) vi TODO lo que había en cartel en Buenos Aires, en primera fila y con una devoción claramente enfermiza.

Más tarde, en fiel reconocimiento a ese primer amor que fue *Despertar de primavera* no dudé en conseguir el teléfono de Alezzo para pedirle que leyese mis obras y que luego, prendado de ellas, no pudiese aguantarse las ganas de dirigirlas todas. Muy cortésmente Alezzo me dijo que le dejara un ejemplar de mi libro en su estudio y que me llamaría en cuanto lo hubiese leído. Obedecí. Una semana más tarde no me había llamado. No entendía qué podía haber ocurrido. La lectura completa del libro no ocupaba más de dos horas, por lo que deduje que o Alezzo no sabía leer o se había muerto. Lo llamé para verificar mi teoría. Vivía y me pidió unos días más porque había estado muy ocupado. Semanas más tarde (que para mí fueron años) me llamó y me citó en su propia casa. Excelente augurio, pensé. No me citaría en su casa para decirme que lo que había leído le había parecido una supina mierda. No. Pero casi. Su devolución tuvo una larguísima introducción en la que Alezzo (Agustín para los que ya nos considerábamos íntimos) se deshizo en elogios respecto del esfuerzo de escribir, de la necesidad de que más jóvenes entusiastas como yo escribiésemos obras, de que el panorama de la dramaturgia actual, que bla bla bla. Por entonces yo ignoraba que los preámbulos generosos constituían la anestesia previa y necesaria para dar paso luego a las críticas más devastadoras. Es decir que recibí la sentencia en seco: mis obras, más allá de lo simpático de algunos diálogos, le resultaron huecas de contenido, sin ningún sentido discursivo y pobres de ideas; en resumen, no querían decir nada en absoluto.

Debo confesar que secretamente yo sabía que eso era cierto, lo cual no me preocupó durante la redacción de las piezas. Suponía que el teatro debía encontrar modos de contar historias y que si esas historias decían algo lo decían y punto. No entendía muy bien por qué uno debía decir algo y además *querer* decir algo. Si uno dice no quiere decir y si quiere decir no dice. Tardé muchos años en descubrir que esa era la verdad que sostendría la estructura global de mi trabajo. En aquel momento, en casa de Alezzo, sencillamente me deprimí y esa depresión duró un tiempo inconmensurable.

Esto sucedía en el año 1991. Durante los siguientes cuatro años los mil libros editados sólo contribuyeron a ocupar espacio vital en mis numerosas mudanzas. Paquetes y paquetes de libros que no me atrevía siquiera a abrir llenaban estanterías y placards. Por supuesto, mis amigos no dejaban de alentarme, como sucede siempre que estamos hundidos en el superpoblado pantano del fracaso. Pero no podía ignorar que ellos no sabían nada de teatro y por más que me quisiesen eso no mejoraba en nada las cosas. Mi error era de concepción, tan básico que no tenía remedio. El entorno me decía casi a los gritos que para ser autor dramático en la Argentina hacia finales de los ochenta / comienzos de los noventa había que adherir sin chistar al discurso imperante, que en resumidas cuentas versaba sobre las consecuencias político sociales de los años oscuros de dictadura. Haber sido un gurrumín imberbe durante el inimitable Teatro Abierto no era algo que luego se pudiese saldar así como así. Había una obligación moral y desatenderla dejaba a cualquiera por fuera de cualquier disciplina que se supusiera de compromiso. La trampa se completaba perfecta con el hecho de que ya existían autores dramáticos que se ocupaban del asunto y a las mil maravillas. ¿Qué lugar quedaba entonces para mí? A pesar de todo, yo no dejaba de oscilar entre la desazón ante tal estado de cosas y la soberbia actitud de contradecirlo todo.

Recuerdo que una vez intenté presentar *Criminal* en un concurso de obras que organizaba el Teatro Alvear. Cuando fui a retirar las bases leí claramente en las condiciones del concurso una que especificaba que la temática de las obras debía centrarse en cuestiones que hicieran clara alusión a las problemáticas latinoamericanas. *Criminal* es una comedia policial cuyos personajes son dos psicoanalistas y sus respectivos pacientes. Para mis adentros aduje que siendo Buenos Aires una cuidad tan psicoanalizada, bien podía pensarse que tal temática atañía a esa realidad latinoamericana. Pregunté a la empleada de la oficina donde se retiraban las bases del concurso si ella creía que una obra de esas características podía considerarse incluida dentro de las premisas del concurso. Me miró con ojos desorbitados. Una mueca se dibujó en sus labios. Largó un lastimero *no sé*. "¿Ó más bien tienen que ser obras que se traten de los indios y esas cosas?", le pregunté. Hizo una pausa y me respondió con un tímido "Y, sí…". Por lo menos era una época en que las cosas eran bastante claras.

Tomé una decisión que se resume en los siguientes hechos. En principio hice el intento de resignarme y redoblé mis esfuerzos para por fin recibirme de psicólogo. Me costó menos la licenciatura que la resignación, por lo que hacia 1994 llamé a Ricardo Monti para que me supervisara en la escritura de una nueva obra. Yo ya había tomado clases con él hacía años. Le dije que quería convertirme en un autor que escribiese obras profundas. Se lo dije con absoluta seriedad. Ricardo me miró, imagino que conteniendo la risa, y me aceptó en su taller. En ese contexto escribí *Desde la noche llamo*, obra con la que gané el Premio del Fondo Nacional de las Artes y que publicó Último Reino. Pero las cosas empezaron a tomar un camino más interesante a partir de 1995, cuando recibí el llamado de José María Gómez, por entonces encargado del departamento de Cultura de la Facultad de Psicología. Había leído *Criminal* (al fin y al cabo para algo había servido el inefable librito) y me proponía montarla bajo su dirección en el Auditorio de la sede de Independencia de esa Facultad. Yo acepté bajo la condición de que yo pudiese elegir al director. Propuse a Diego Kogan para que ocupase tal rol. Hubo acuerdo. Las cinco funciones de *Criminal* que se hicieron en el Auditorio de Psicología resultaron un éxito tal que decidimos con el elenco comenzar una temporada en el teatro Payró a partir de enero de 1996 en un horario por entonces imposible, la una de la mañana. El resultado no pudo ser más satisfactorio. El espectáculo tuvo excelentes críticas, premios y le gustaba a todo el mundo. Yo me sentía, y creía ser, feliz. Una noche, terminada la función (a las que yo asistía religiosamente) me dijeron en el teatro que había alguien que preguntaba por el autor de la obra. Salí de camarines al hall de la sala. Y ahí estaba Agustín Alezzo, cinco años después de la fatídica tarde en que escuché su devastador comentario sobre mis obras, con una sonrisa que le cruzaba la cara hasta un punto inverosímil. "¿Vos sos el autor de esto?", me preguntó poniendo en evidencia que no me recordaba ni por casualidad. "Sí." "Te felicito. El texto es una MA - RA - VI - LLA." "Gracias", dije. Me cuidé muy bien de traerle a la memoria aquel remotísimo encuentro mostrándole que el texto que acababa de deslumbrarlo era exactamente el mismo que le había parecido un asco años antes. ¿Qué había ocurrido?

1. Alezzo nunca había leído el material más que en diagonal
2. Alezzo era un verdadero imbécil
3. La puesta en escena magnificaba un texto inservible

Creo que ninguna de las tres opciones es la correcta (aunque no deben faltar los que defenderían con convicción alguno de estos puntos). Pienso que la clave está en el lapso de tiempo 1991/1996. Creo que durante esos años se habilitó una zona hasta entonces ciega para la lectura de teatro. Entretanto yo, además de haber escrito *Desde la noche llamo*, había sido convocado por el Teatro San Martín para integrar el grupo de dramaturgos jóvenes que en su disidencia (o expulsión mejor dicho) se dieron a conocer como Caraja-ji. Un movimiento (la emergencia de una nueva dramaturgia, a tal punto inclasificable que recibió el gracioso nombre unificador de *teatro de la diversidad*) se estaba produciendo. Y yo estaba incluido en él.

Lo que siguió fue precipitado y es fácilmente resumible. En el marco de producción del Caraja-ji escribí y publiqué mis dos piezas siguientes, *Martha Stutz* (entre 1995 y 1996) y *Casino, esto es una guerra* (entre 1997 y 1998). *Casino*, debo confesar, a pesar del cariño que le tomé al proceso de trabajo y a las personas involucradas en él, no tuvo un feliz montaje. Creo que la obra tiene un tono que requiere de una especial complicidad por parte de la actuación, aspecto que creo que Diego Kogan no supo ver, excediéndose en subrayados superficiales que le hicieron perder el rumbo del juego que proponía el material. No creo que haya sido esa la razón, pero hacia finales de 1998 dejé el Payró (donde me había desempeñado como administrador, director artístico y docente durante años) de manera definitiva.

Pocos meses antes de que esto sucediera Mónica Viñao me había propuesto escribir un texto para hacer un montaje y llevarlo en mayo de 1999 a las Olimpíadas Teatrales que se celebrarían en Japón. Acepté sin vacilar la propuesta y escribí *Geometría*. Por aquel entonces me encontraba también trabajando en la redacción de los libros de *Fiscales* (para lo que había convocado como colaborador a Alejandro Tantanian), miniserie para televisión que se emitió por Telefé y que ha sido hasta ahora la única experiencia televisiva completa que he tenido. Fue también más o menos en ese mismo momento cuando vi en el teatro El Galpón del Abasto el espectáculo *Nocturno hindú*, adaptado, dirigido y actuado por Gabriela Izcovich. Creí encontrar allí lo que faltaba en el montaje de *Casino*: una nueva manera de entender la actuación. Se lo dije a Gabriela (con quien nos conocíamos desde hacía años) y le dije además que me interesaba que pudiésemos trabajar juntos. Ella aceptó de inmediato la propuesta y al segundo siguiente me pidió que codirigiese con ella la hasta por el momento inexistente obra. Así fue como comenzó lo que luego se llamaría *Faros de color*, espectáculo con el que viajé por primera vez a Barcelona. Después vinieron *Gore*, *Fuera de cuadro*, *La escala humana*, *Intimidad* (única experiencia en que dirigí un texto que no me pertenecía), *Demóstenes Estomba*, *El vuelo del dragón* (estas dos últimas en la ciudad de Bahía

Blanca), *El vuelo del dragón (versión b)*, *Bésame mucho*, *4D Óptico* y *¿Estás ahí?*

* * *

Escribir teatro es algo complejo. Las obras aquí editadas (la selección para este primer tomo fue realizada por Osvaldo Pellettieri, quien accedió a un par de sugerencias que le hice) son tremendamente diferentes unas de otras, al menos a mi modo de ver. Me cuesta imaginar qué hilación puede encontrarse en la lectura consecutiva de las cinco. *Criminal* es un divertimento policial, *Martha Stutz*, un texto de ideas, *Casino,* una onírica revisión de los sucesos de Malvinas '82, *Geometría*, una especulación matemática, *Faros de color,* una indagación sobre los vínculos afectivos en estado preconsciente. Sandía con dulce de leche.

Puedo suponer que mis aficiones extrateatrales: la filosofía, las matemáticas, la física y el psicoanálisis, hilvanan de algún modo la caprichosa emergencia (y ahora reunión) de estos materiales. ¿Pero qué vinculación tienen estos temas u obsesiones con el panorama teatral, social, cultural y político de Buenos Aires 2004? Lo ignoro. Imagino que si tiene alguna no reviste demasiada trascendencia. Me resisto a suponer que haya alguien deseoso de leerlas. Puedo imaginar una virtud y es que tal vez mi teatro tenga el mérito de no querer parecerse a ningún otro. Ni siquiera a sí mismo. Tuve la suerte (y espero seguir teniéndola) de haber escrito siempre lo que se antojaba. Hoy me siento a reflexionar sobre tal hecho y no me parece nada mal; y si se trata de una conquista, creo que este manifiesto aclara que no me ha resultado nada fácil.

En un trabajo teórico (en proceso de elaboración en el momento en que escribo esto) que lleva el título de *Compromiso y Juego III La Libertad*, intenté conceptualizar algo acerca de las contradicciones de lo que a la ligera se suele mencionar como libertad artística. Allí afirmo:

"Si mi deseo debe ser original no es el de ningún otro. Si no es el de ningún otro, no habrá modo de que trascienda más allá de mi entorno más íntimo y personal, cayendo en una especie de narcisismo infructuoso y estéril. Después de todo, el artístico es un acto que se completa con los otros, los que no son el artista. Si queremos que nuestra obra/pensamiento trascienda ¿no deberíamos entonces atender un poco al deseo del otro? ¿No tendríamos que intentar sincronizar nuestro deseo con el de los demás, el público, por llamar al otro de alguna manera? ¿No deberíamos intentar empatizar con otras almas sensibles como la nuestra y donar para algunos selectos pares nuestro pensamiento, o mejor aún, en un acto de generosidad extrema intentar conocer los apetitos populares y crear así un pensamiento/obra para todos? Porque ¿qué donación puede haber para el/los otro/s si la obra sólo interesa a su autor? ¿No deberíamos, para comenzar, apoyarnos en algún elemento común en el que el deseo del otro esté vinculado con el nuestro?

La respuesta es no. Porque ese elemento vinculante no puede ser un *a priori* ya que se trata justamente del elemento a ser creado. Y ese acto de creación es donación para quien quiera tomarla. ¿Pero donación de qué? No es donación de contenido alguno, sino de un gesto, el gesto de la libertad del acto creativo. Lo voy a decir de manera tajante: *la única verdadera donación es donación del ejercicio de la libertad de hacer lo que al artista se le antoja; donación que no es para algunos, tampoco para todos, sino para cualquiera.*

Ahora bien ¿quién es ese cualquiera? No tengo la menor idea. Ni podría tenerla sino no hablaría de cualquiera. Pero sin duda cualquiera es un cualquiera *de todos*. A primera vista puede parecer poco, comparado con nuestros habituales e insaciables apetitos de trascendencia, pero el *cualquiera* es bastante más concreto y tiene menos tufillo fascista que el *algunos* y es claramente menos voluntarista que el *todos*. Y no se trata de una solución formal o de compromiso frente al eterno problema del todos/algunos; después de todo el *cualquiera* es lo que mejor nos define a cada uno de nosotros en nuestra posibilidad de ser cautivos de una novedad/verdad.

Decíamos: *la única verdadera donación es donación del ejercicio de la libertad de hacer lo que al artista se le antoja*, etc. Ese acto de donación es una obligación ante todo ética y militante. De no ejercer su libertad es de lo único que se puede acusar a un artista. Por otra parte (volvámoslo a aclarar) *lo que al artista se le antoja* es producto de una conquista desplegada a lo largo de toda una obra/pensamiento y no el capricho de una tarde. No es con un par de cuentos irónicos que Borges introduce en la literatura el humor inherente al acto literario, sino que esa donación de Borges, eterna y para cualquiera, es producto de una vida dedicada a sostener una verdad inconsistente en sí misma pero que adquiere valor y trascendencia por sostener esa verdad (volviéndolo felizmente esclavo de su propia libertad) hasta convertirla en pensamiento ahora ineludible de la literatura universal."

También tiendo a afirmar que el teatro no puede hacer más que hablar de sí mismo, y que su objeto no es transmitir idea alguna sino inventarlas. Desde este punto de vista, las cinco obras aquí reunidas adquieren quizá coherencia y se empiezan a parecer muchísimo entre sí. Esto se deba quizás a que en todas ellas palpita la misma inquietante pregunta (inquietante para mí, por supuesto) acerca de la especificidad del lenguaje del teatro.

Claro que todo esto, en su sesudo despliegue teórico, suena fértil. Pero en la práctica las cosas son bien distintas. El teatro se va abriendo camino en nuestras propias vidas de manera aleatoria, sin método ni sustancia. La coyuntura (y en especial la argentina), más que dictarnos el rumbo a seguir, intenta disuadirnos incansablemente de que nos dediquemos a alguna otra cosa, en lo posible, útil. ¿De dónde sacar entonces una y otra vez el impulso de escribir, montar y estrenar teatro? La pregunta se actualiza demasiadas veces como para ignorarla.

Creo que el problema de la libertad y la pregunta sobre la especificidad del teatro abren un panorama tan vacío y angustiante que sólo puede llenarse a través de algo tan poco tangible como la fe. O, para decirlo manera menos religiosa e irritante, la confianza (y *la confianza es una apuesta*; en algún momento tenía que decirlo). En teatro (y supongo que en definitiva, de una u otra manera, en cualquier otra área) la confianza no es una abstracción metafísica con la que se convive de modo individual. La confianza es con otros. Y esos otros son fundamentalmente los actores. Hoy por hoy, si no pudiese contar con la confianza y la complicidad de los actores, el acto de escribir teatro sería para mí imposible.

Gracias entonces a todos ellos[1]: Marcelo Pozzi, Dana Basso, Javier Niklison, Carlos Kaspar, Carolina Adamovsky, Alejandro Urdapilleta, Rita Cortese, Norma Ibarra, Leticia Brédice, Alejandro Awada, Luis Campos, Horacio Roca, Rodolfo Prante, Néstor Sánchez, Claudio Quinteros, Pedro Ferraro, Lucas Montana, Esteban Mihalik, Patricio Contreras, Andrea Bonelli, Carlos Santamaría, Vanesa Cardella, María Onetto, Gabriela Izcovich, Andrea Pietra, Alejandro Milrud, Willy Sharp, Carlos Belloso, Héctor Díaz, Lucía Navarro, Laura

---

[1] El listado incluye a todos los que han trabajado en textos míos. A algunos de ellos los he dirigido, a otros no.

Ortigoza, Patricia Viegas, Ariel Romero, Gonzalo Kunca, Eleonora Garrafa, Diamán Jacubovich, Fernanda Aguirre, Fernando Marconi, María Inés Sancerni, Gabriel Levy, Mónica Raiola, Lorena Forte, Marcelo Marzoni, Jorge Habib, Leandro González, Hugo Ledesma, Teté Predan, Luciano Lucagnoli, Ricardo Serón, Dolores Hernández, Raúl Lázaro, Claudio Ragnau, Ana Julia Nebbia, Lucrecia Oviedo, Belén Parrilla, Eugenio Giménez, Damián Canduci, Eduardo Misch, Julián Calviño, Natalia Salmoral, Gloria Carrá, Soledad Cagnoni, Ezequiel Rodríguez, Luciano Cáceres, Marcelo Mariño, Gaby Ferrero, Alfredo Martín, Nora Navas, Sandra Monclús, Nies Jaime, Quim Dalmau, David Vert, Carme Poll, Jordi Rico, Nuria Legarda, Carolina Zacagnini, Luz Quinn, Martín Chiara, Mariano Marchesini, Gustavo Paoletti, Julia Catalá, Yanina Rabbino, Ignacio Salerno, Julieta Schroeder, Diego Gentile, Ana Laura Jayat, Silvina Katz, Miguel Guerberof, Alejandra Fletchner, Selva Aleman, Jorge Marrale, Darío Grandinetti, Ana Garibaldi, Mirta Busnelli, Cristina Banegas, Alberto Segado, Rodrigo Cameron, Niel Smith.

También tengo que agradecer la confianza de amigos directores como Jaime Kogan, Juan Carlos Corazza, Alejandro Tantanian, Rafael Spregelburd, Alejandro Maci, Mónica Viñao, Cristian Drut, Toni Casares, Isabel Repetto, Magda Puyo.

A los del grupo Caraja-ji que no nombré, Jorge Leyes, Carmen Arrieta, Ignacio Apolo, Alejandro Robino, Alejandro Zingman.

También a colaboradores de primera línea como Rubén D'Audia, Oria Puppo, Alicia Leloutre, Edgardo Rudnitzky, Gustavo Zajak, Tommy Pashkus, Ana Albarellos, Betty Izcovich, Marcelo Moguilevsky, Martín Deus, Willy Prociuk, Catalina Fernández, Mariana Polski, Pablo Ratto, Julieta Álvarez, Oscar Carvallo, Jorge Macchi, Diego Angeleri, Nicolás Varchausky, Clara Bauer, Adriana Roffi, Marian Coromina, Raúl Lucea, Pep Daudé, Carles Torregrosa, Walter Duche, Alejandro

221

Zárate, Eliana Canduci, Ricky Pashkus, Carlitos Morelli, Alejandro Le Roux, Santiago Rosso, Lino Patalano, Juli Marcullá.

Confieso que al repasar el listado (en el que sin duda quedan excluidos muchos nombres) quedo impresionado. Reitero: por la confianza, gracias a todos.

* * *

Escribo esto durante mis vacaciones en la playa, después de haber tenido una charla con mi amigo Héctor Díaz, en la que me di cuenta de que no podía omitir este testimonio. Ahora no estoy tan seguro de que sea necesario. Pero ya está escrito, aunque no sé a ciencia cierta si podrá ser incluido en la publicación (teóricamente ya cerrada) como un postfacio o algo por el estilo.

Es esta quizá la zona más fronteriza del que escribe: se publica lo que en el momento de ser escrito no se sabe si será publicado. Tanta incerteza genera inexorablemente un enorme margen de irresponsabilidad.

Bienvenido sea.

Javier Daulte
Ostende, provincia de Buenos Aires
9 de enero de 2004

Indice

Se terminó de imprimir en mayo de 2004
en los talleres gráficos de Edigraf S.A.,
Delgado 834, Buenos Aires, Argentina.